青春美文精品集萃丛书·美好童心系列

童心是
跳跃指尖的精灵

《语文报》编写组　选编

时代文艺出版社

图书在版编目（CIP）数据

童心是跳跃指尖的精灵 /《语文报》编写组选编.
-- 长春：时代文艺出版社, 2021.6
（青春美文精品集萃丛书. 美好童心系列）
ISBN 978-7-5387-6775-9

Ⅰ. ①童… Ⅱ. ①语… Ⅲ. ①作文－中小学－选集
Ⅳ. ①H194.5

中国版本图书馆CIP数据核字(2021)第096458号

童心是跳跃指尖的精灵
TONGXIN SHI TIAOYUE ZHIJIAN DE JINGLING

《语文报》编写组　选编

出 品 人：陈　琛
责任编辑：王金弋
装帧设计：任　奕
排版制作：隋淑凤

出版发行：时代文艺出版社
地　　址：长春市福祉大路5788号　龙腾国际大厦A座15层（130118）
电　　话：0431-81629751（总编办）　0431-81629755（发行部）
网　　址：weibo.com/tlapress（官方微博）　sdwycbsgf.tmall.com（天猫旗舰店）
开　　本：880mm×1230mm　1/32
字　　数：135千字
印　　张：7
印　　刷：三河市嵩川印刷有限公司
版　　次：2021年6月第1版
印　　次：2021年6月第1次印刷
定　　价：36.00元

图书如有印装错误　请寄回印厂调换

编 委 会

主　　编：刘应伦

编　　委：刘应伦　赵　静　李音霞

　　　　　郭　斐　刘瑞霞　王素红

　　　　　金星闪　周　起　华晓隽

　　　　　何发祥　朱晓东　陈　颖

　　　　　段岩霞　刘学强

本册主编：华晓隽　孙　蔚

Contents 目 录

最美丽的风景

童心是跳跃指尖的精灵

心中盛满欢喜

阳光的声音

童心看世界

春暖草自青

童心 是跳跃指尖的精灵

最美丽的风景

东 莞 的 雪

彭 放

　　还有几天就是春节了。今年照旧不回老家过年。弹指一挥间，来东莞已十年。呵呵，十年！徜徉于小区湖畔的我不禁哑然。往事如烟，让我不知从何忆起。

　　今年冬天，东莞格外的冷。这个处于热带边缘的城市难得有气温低于零度的时候。正兀自搓手取暖时，就看见纷纷扬扬的白色物体从天上飘落——下雪了！

　　东莞下雪，给人的感觉不亚于六月飞霜。朵朵雪花"簌簌"飘落，落在树叶上，打在路面上，空灵悦耳。这是我第一次看到雪！大家都这么说。

　　可不是嘛，路边，大大小小，男女老少，都跑出来赏雪。或摊开手心，静静地等着，感受掌心化雪的美好；或极目远眺，痴痴地望着，企图捕获空中飞舞的雪花。偶尔的北风，刮着仍绿绿的叶片在一片迷蒙中漂泊，像一个已不辨归家方向的游子，迷离了人的双眸，让人久久不愿离去。

雪下得大些了。空中，已不单单只有一朵朵的雪花，渐渐地，还有鹅毛似的雪花。见到了这"鹅毛"雪花，兴奋的小孩儿更兴奋了，兴冲冲地伸出手要抓住这"鹅毛"般的雪片；沉默的老人更沉默了，眯着眼睛又不知忆起了多少往事。我想，"空中撒盐"应是形容东莞这百年一见的雪的最好比喻了。

而"柳絮因风起"则适用于那白雪飘飘的北国，我的家乡。十年前，我才两三岁，穿得肥肥厚厚裹得严严实实，在老家院子里奔跑，把白雪踩得咯吱咯吱响。堂哥、堂姐牵着我的小手，带着我在冰天雪地里嬉戏、玩闹。一串串脚印深深浅浅，大大小小，很快就被鹅毛大雪掩盖。打雪仗、堆雪人。而现在东莞的雪，总是略显单薄，远不及家乡的雪的绵软、厚实。

仍徜徉于湖畔。小朋友总是有创造力的，就这样浅浅的雪，竟被他们从车玻璃上刮下收集起来，凝成一个大冰球，一起互相"取冷"。仰望漫天雪舞，一粒粒的闪动，都好似天空中闪烁的泪花。绿叶被北风和雪花打下厚厚一层积在土地上，好像阔别家乡的浪子终回故土。雪中夹杂着冰粒砸在脸颊上，微微的疼，融化成的雪水，轻轻流下，像是流下一道道泪痕。这雪，似乎还有家乡的味道。仿佛，从西伯利亚来的长驱直入的冷空气在家乡停驻片刻，捎上家乡的音讯，也来到东莞长驱直入我的心田。沐浴在这雪中，风迷乱我眼，使我久久不能自已。

终于，我对自己说，回老家一趟吧。年纪轻轻的我，本不懂乡愁，这次竟体悟到了乡愁的些许滋味。于是，在东莞的雪中，我眺望家乡的方向，希冀千里也能共雪天……

石　羊

张　敏

　　爸爸平常爱逛旧货市场，有一次，在临泉的一个地摊上，爸爸发现了一只用石头雕成的羊，黑黝黝的，很粗糙，而且蒙了一层尘土，似乎卧在那里好久了。

　　摊主可能不知道它的价值，要的钱并不多。爸爸花了十块钱买下了它，把它放在了书橱的一个角落里。我不喜欢它，嫌它笨重丑陋；妈妈也不喜欢它，嫌它黯淡无光。开始时，爸爸取书的时候，还向那个角落瞥上几眼，时间一长，爸爸似乎也将石羊遗忘了。

　　有一天，爸爸的一个老友来了，他看到书橱里的这个石羊似乎吃了一惊。他将石羊托在手上瞧了又瞧，然后极为肯定地说："这是汉货。"这下爸爸惊呆了。要知道，这位可是鉴赏文物的行家。这样一个粗糙的东西，竟然是一件文物。

从此之后，这个石羊便"身价倍增"了，妈妈将它移到引人注目的地方。有朋友登门，我们就忙着捧出石羊让朋友一饱眼福。

一日，家里来了几位朋友。饭后，爸爸照例捧出石羊递给在座的朋友们，并且极为得意地说："这可是汉朝货，好东西！"爸爸的朋友们都很惊奇，目光立即就拉直了。石羊在朋友的手上传来传去，大家连声说是个好东西。爸爸正扬扬得意，忽然"啪"的一声，石羊不知被谁不慎跌落到地上，定睛一看，可怜的宝贝已经摔破了！爸爸站在那里一动不动。朋友们都闭了气，看爸爸的脸色。过了好一阵子，爸爸才低声说："不要紧，不要紧。"朋友们走后，妈妈怨，我怨，爸爸也恼怒得直跺脚，可石羊已被摔得不成样子了！

过了两个星期，爸爸的那个文物专家朋友又来我家串门，爸爸将这事告诉了他，他直为爸爸可惜，最后那位朋友意味深长地说："它已过惯了那种寂寞、平凡的生活，一旦改变了生活方式，受到众人的仰慕，反而使它走向毁灭。"

爸爸点上一支烟，一边听一边不住地点头，这一刻，我看着爸爸若有所悟的神情，我也感觉像是迈上了一个新的台阶，从中似乎悟出点儿什么……

古　筝　情

段嘉婷

　　"沧海一声笑，滔滔两岸潮，浮沉随浪只记今朝……"这首《沧海一声笑》是我所学不多的古筝曲目中的一首，也是我最喜欢的一首。

　　轻轻抚过二十一根琴弦，悠扬清丽的声音倾泻而出，仿佛置身一片竹海：远远望去是几座山，从山麓一直到山顶，甚至从平地开始就全铺着竹，分不清哪是枝，哪是叶。一阵风吹过，掀起翠色的波浪，层层叠叠，一直涌向很远的地方。随着手指上下翻飞，琴声越来越快，巨大的力道震得指尖生疼，动作却丝毫不敢停滞，强烈的紧张感蔓延开来，似乎是刀剑碰撞的声音，又或者是飞沙走石的声音。眼前仿佛出现了令狐冲和东方不败打斗的激烈场景，只见那令狐冲手执长剑用力一刺，却被东方不败不急不慢地用一根绣花针挡了下来，竹林里上官云、任盈盈几人目不转睛地注视着东方不败和令狐冲，大气也不敢出一口……那一刻，我好像真的理解了豪情与侠义。

不知不觉，拨动琴弦的速度慢了下来，在一阵轻柔的声音里，对于自己弹古筝的目的渐渐清晰起来。

还记得最早接触古筝，是因为那时的我总会在听到古筝的声音时不自觉地做出弹奏的动作，总幻想着只要弹古筝就能遇见一个像伯牙与子期那样的知音，和自己一起，以青山为盟，流水为誓。像书中描绘的那样，穿一身古典的白纱衣、绿罗裙，挽长发成髻，斜插一支碧玉簪，坐在一张石案前，与古琴为伴。但当我真的有了一张属于自己的琴，我才发现并没有什么碧玉簪和知音，只有因为缠胶布而红肿的手指和无聊的基本曲目罢了，那时的自己甚至无法坚持每天半个小时的练习。

事实证明，努力总还是会有收获的。

当我学习了《荷塘月色》《笑傲江湖》这些曲子后，我开始享受弹奏古筝的乐趣。不再是为了最初那些虚无缥缈的幻想带来的乐趣，而是去享受把一首曲子弹奏流畅时的成就感，享受中国古典文化的深厚底蕴，享受古筝曲背后的故事。

新　衣

叶宸希

　　冬日，风萧瑟着，几片飘在马路上的黄叶被这寒燥的风带着朝远方飞去，一片一片，饱含无助，凄冷。

　　一大一小两个乞丐坐在光线昏暗的马路边，一位中年男子，瘸了两条腿，他身边依偎着一个三四岁的孩子，眼神闪烁，溢着对这个世界的好奇与期待。中年男子凝视着儿子，眼睛中装着满满的慈怜。

　　传来脚步声，从街边走来了一个妇女和一个男人，这周围都是富人区，那男人用力将手中一些大大小小的包裹扔进父子旁边的垃圾桶中。

　　"孩子们实在是太挑剔了，这些衣服他们才穿了几个月，又买新衣服了，真是太浪费了。"妇女抱怨说，"这是什么鬼天气，风还刮得这么大，等会儿就要下雪了，赶紧回去吧！"

两人离开了，父亲朝那边看了看，有些艰难地用两条"腿"向那个方向挪去。到垃圾桶边时，已是气喘吁吁，汗珠从他额头泛出。他吃力地想掀开垃圾桶的盖子。垃圾桶太高，他够不着。很快，他竟不顾腿瘸，尝试着向上跳。终于，他拿到了那两个包裹，他半推半挪地将包裹拿到儿子身边，从那个袋子里挑了一件厚棉袄，穿在儿子身上。那棉袄像一床被子，将孩子裹在里面。

"爸爸，这是我的新衣服吗？"儿子天真地看着父亲，用澄澈的眼睛望着他，像花儿般烂漫地笑着。

"嗯"，他的脸上含着淡淡的笑容，声音虽低沉，但听得出心情很轻松。

风还刮着，飘起了纷纷扬扬的雪，父子俩静静地坐着，仰着头，看落下的雪花，冰冰的，白白的，他俩微笑着，倚靠着，等待着新年即将敲响的钟声……

乡音·乡情

陈彦霏

我对方言的记忆最早来自我的奶奶。

奶奶没受过教育，一直住在乡下老家，基本上只会本地的龙岩话。小时候，爸爸妈妈工作忙碌，无暇照料我，奶奶便从乡下老家来到城里同我生活在一起。

记忆中，她刚来我们家时，带着满面笑容，一脸的慈祥，对我又抱又亲，那时的我打心底喜欢她。可是接下来的日子里我却发现，我们之间存在着严重的沟通障碍。虽然我很喜欢奶奶，但是常常她对我讲了一堆话，我却都听不懂，只能愣愣地看着她。印象中有一次，她欢欢喜喜地拉着我的手，对我说："阿嫲（祖母）楚阿哩迭球哦。"说完就要拉着我往外走，我一愣，以为她要带我去踢球，心想奶奶这么老了，也没带上球，怎么踢球呢，一旁的妈妈见我愣在那儿，赶紧跟我解释说："奶奶是要带你到外面去玩。"原来龙岩话"阿嫲楚阿哩迭球哦"是"奶奶带你去玩喽"的意思,真是让人哭笑不得。

随着奶奶的久住,我渐渐从她那里学到了龙岩话的一些简单词汇,比如,"奶奶"的龙岩话是"阿嫲","爷爷"是"阿公","不要"为"木埋","要"为"哎","吃饭"则是"咋兵"等。知道了这些以后,我发觉我跟奶奶之间的距离越来越近了,也有了默契。奶奶的龙岩话成为我记忆中最早的家乡方言,同时也在我心里播下了乡音乡情的种子。

如今,我已长大,能够熟练地使用家乡的方言——龙岩话了,每当我同亲人们说龙岩话时,我总会想起第一个赋予我方言记忆的奶奶,心中总会涌起无限怀念。

龙岩话,在我心里不仅仅是一种语言,它更饱含了我对亲人的怀恋,饱含着我对故乡如孩子对母亲般的眷恋。

前年暑假,我同父母一起去到安徽省的黄山游玩。游览完景点,游客成群结队地排队下山,因为雨天的缘故,排队区域人满为患,要等上两个小时左右才能乘上下山的缆车。正当我倍感疲惫且觉得十分无聊时,突然有阵熟悉声音从身后传来,竟是我们家乡的龙岩话!我赶紧告诉爸爸妈妈,于是我们一起用龙岩话向身后的老乡打招呼,一同聊起家长里短来,从来自龙岩哪个地方、什么方式出游一直聊到两家孩子的学习状况。在惊喜和激动之余,我也感到了深深的归属感,那是方言所带给我们的对故乡的特殊感情。忽然间，我觉得下雨时黄山是那么的美丽，云里雾里的景象特别神奇，无聊的等缆车的时间很快就过去了。

是啊，方言是对一方水土的眷恋和感怀，寄托了人们无限美好的故乡情结。若方言不复存在了，那么故乡真就小得"只剩下两个字"了，所以，一同保护方言吧，为了故乡里你怀恋的亲人与土地，抑或是那小小的故乡情结。

最美丽的风景

钟品一

她是我小学六年级的语文老师，姓钟，我们都叫她小钟老师。小钟老师身材娇小，乌黑的长发温柔地披在肩上，那双小鹿似的眼睛如湖面一般，任何细小的波动都会引起一阵波澜。

都说老师是照顾祖国花朵的园丁，不过我们这位小钟老师却是位"迷糊"的园丁。上课走错教室那是家常便饭，隔三岔五便丢东西，从刚开始的纸巾到后来的眼镜都丢了，以至于我们一次次窃笑着从她办公桌上拿走巧克力、话梅等美味食物……我简直觉得，如果吉尼斯要认证世界上最粗心老师的话，那么非钟老师莫属！可那年临近期中发生的一件事，彻底改变了我们对她的印象。

又要举行运动会了，这对一向头脑简单、四肢更简单的我们三班同学来说，则又是一次在全校同学面前的"丢脸会"了。小钟老师紧急培训全班同学的八字穿花跳长绳技能，企图破天荒赢个团体赛冠军一雪耻辱。于是，全班同学被动员起来，利用课余时间奋战在跳绳一线：我们跳，她便在一旁呐喊助威；我们休息，她就变戏法似的拿出几瓶水和一盒饼干让我们增加能量；我们中有人摔倒在地，膝盖擦破，她母亲般着急，小心温柔地把创可贴轻轻按上……有了这样的陪练，我们怎能不卖力？

终于到了令人兴奋的这一天了，却传来"噩耗"——小钟老师发烧了，不能前来给我们助阵了。队员们一个个张大嘴巴，难以相信。没有她在，我们行吗？"大家加油！一定要拿到第一，让小钟老师高兴！"班长挥舞着拳头给大家鼓劲儿，只是，加油的人群中，少了她的身影。

前几场比赛，都是抱在怀里的西瓜，十拿九稳。我们大幅度领先，过五关斩六将，终于迎来了最后一场比赛——与上一届八字穿花冠军四班的比赛。我的脑海里浮现出小钟老师的笑脸，耳边想起了她"加油加油"的鼓劲儿声，心中只有一个念头：为小钟老师争口气……

终于，随着裁判结束哨声的吹响，最后一轮决赛也圆满结束，大汗淋漓的我们无比轻松地退到一边，等待着结果。

"这次比赛的获胜者是——六年三班！"裁判员竖起了大拇指宣布道。

"万岁！"我们欢呼着抱在一起，几个星期的努力没

最美丽的风景

有白费，我们终于没有辜负小钟老师的期望！我们兴奋地嚷着"小钟老师，我们赢了！"却瞬间明白她不在呀。大家心里的快乐少了几分，空落落地走回教室。

一推门，耳边突然传来一个银铃般的声音："Surprise！"大家眼前一亮，不约而同欢呼起来："小钟老师！"是啊，她不是正在发烧吗？现在怎么活蹦乱跳的？她笑着指着讲台上的一大堆奶茶说："记得以前我说过，等我们班在运动会上得第一名，就给你们每人一杯奶茶！现在，愿望实现了。请看，我还把刚才你们的比赛拍下来了！"小钟老师晃了晃手机，里面是一张张我们欢呼雀跃、紧拥一起的照片。我们目瞪口呆地望着小钟老师，望着她那清澈的眼里灿烂的笑意。我们明白了，她惦记着我们，虽然生病但也要来看我们比赛。我们也笑了，笑得那样开心。

记忆中，她虽然经常走错教室，却能保证在上课前跨进我们的教室；记忆中，在我们偷偷把她桌上的瑞士糖塞进口袋后，她嘴角悄悄弯出美丽的弧度；记忆中，她虽然常常丢东西，但她手上那支我们送她的红笔却一直不曾丢失……

"钟老师，我爱您，您是我记忆中最美丽的风景。"

领我回家的那束光

许文晖

上学的日子永远带着些许疲惫与急促,像一壶煮沸的开水。学习的压力更是为每位学生蹙起的眉头增添几分焦虑。而冬天夜晚从补习班回家的我,更觉几丝恐惧——一路皆黑,只有远处的点点灯光,还有几只野猫不时会从草丛中跳出,更是令人毛骨悚然,路程虽不长,却似乎目的地在遥远的天边,触及不到。

多次与母亲谈起此事,母亲嗔怪道:"瞧你,多大的人,还怕走夜路,看来我真是把你宠坏了。"口中虽这样说,但还是给我备着一把小手电,依靠着这束微弱的光,我找到了回家的路。

可是,因我丢三落四的坏习惯,某一日丢失了那手电,也丢失了那束光。那天下晚自习,我徘徊在回家的路上,像妙笔的画家丢失了他的画笔,像沙漠中的商旅走散了他的骆驼，不安、心悸。我心一横，快步向前奔去，这时，一束熟悉的灯光照着我面前的路，光刺着眼睛，我如同饥渴的幼苗得到水的滋润一般，那耀眼的光，是慰藉，是希望！当我渐渐走近，发现举着灯的正是我的母亲，她在风中发抖，瑟瑟的，鼻尖已冻得通红，正嘲我咧着嘴笑，"快走呀！没作业呀！"身材矮小的她，在寒风中似一株摇曳的小草。我一路小跑到她跟前，忽觉她的右腿略有不便，才忆起去年下夜班晚了，母亲急急地去接我，从楼梯上跌下来，右腿便落下了毛病，每逢潮湿的天气，她常半夜疼痛不眠，而那段时间，我却毫不在意……

"以后，以后不用等着我了，怪冷的。"我强忍着鼻头的那股酸楚。"没办法，家中养了只胆小怕黑的猫，又丢三落四的，只是顺道接你回去。"母亲开着玩笑。我笑了笑，母亲走在身后，拖曳着疲惫的脚步声，似乎很吃力。曾经丢失的那束光又回来了，拉长了我的影子，很长，很长……

愿时间永远驻足在这一刻，愿那束光永远照亮前方的未知，我能触摸到，那束光的温暖，如阳光亲吻羽毛般的柔软。

做自己的小天鹅

周　粟

小天鹅轻轻跃上舞台，完美地谢了个幕，转身轻盈地退回了幕后。

小盐从小是一个很自卑的孩子，因为家境困难，她从来没有幻想过自己以后可以站在耀眼的舞台上，她自认为只是千万女孩子中最普通的一个。

不过小盐的成绩倒是挺不错的，她顺利地升入了这个城市最好的大学——英格尔学院。小盐没有什么宏伟的梦想，但她只是想和闺蜜小堇一起上学。

小堇生来就似乎自带主角光环，她到哪儿都能吸引他人的目光。小盐因为家境贫困，从不敢在别人面前展现太多，她都没有想过为什么自己会变成小堇的闺蜜。

小堇毫无悬念地被英格尔学院的芭蕾舞系选中。小盐勉强过关，没有舞蹈功底的她也跟着去了。

上课的第一天。

"来这里的每个姑娘果真都有一副精致的皮囊。"小董在更衣间，一边帮小盐系上背后的带子，一边说。小盐看着镜中高挑的自己，真的有一种淡淡的出众的美，这是她从没有发现过的。

"小盐、小董两位组成一队……"教舞蹈的老师将姑娘们一队队分好，带着她们来到了芭蕾舞教室。阳光洒了进来，明亮的教室，两面是镜子，一面是大大的落地窗，可以看到外面天空的颜色，清亮得可以做跳舞的衣裳。

"好姑娘们，不论你们有没有舞蹈功底，现在就和我一起舒展起来……""右手抬起，左脚迈出，搭在栏杆上，相信自己正在长大、生长……"

小盐缓缓地跟着老师做动作，不知为什么，她好像喜欢上了这种生长放松的感觉。慢慢地，小盐的手脚灵活起来，她可以随着音乐自由地摆动，然后转个圈，伸展全身。

每一次练习，小盐都觉得自己不像以前那么自卑了。看着自己镜子中的模样，就仿佛是看到了一个以前从未认识过的自己。小盐总是对小董说："就像小天鹅一样骄傲，因为我爱上了舞蹈。"

小盐更认真地练习，享受着那踮起脚和翩翩起舞的意境。

但丁说：会跳舞的孩子身上都有一种气质，很神秘，说不出来。

　　小盐就是这样认为的。

　　她成了一只小天鹅，一只骄傲的小天鹅，踮起脚，享受着自己的快乐。

　　做自己的小天鹅，轻轻一跃，美丽、端庄、骄傲。

辨　蛋

刘　靓

　　周日清晨，我被一缕香气唤醒，简单梳洗后便迫不及待地来到餐厅。果然，餐桌上摆放着丰盛的早餐——粥、面包、蔬菜；白的清新，绿的鲜亮，黄的耀眼，让人食指大动。一番狼吞虎咽之后，肚子已有八分饱，我准备以一个最爱的白煮蛋结束今早的战斗。

　　"等等！"妈妈按住了我的手。我不解地看着妈妈。"我今天给你出了个题目，就在这鸡蛋当中。""哦？"我不禁来了兴致，"什么题目？""这些鸡蛋中只有一个是白煮蛋，其他都是生的。这白煮蛋吃得到还是吃不到，就看你自己了。"说完，她才放开我的手。"又来！"也许是职业病，妈妈老喜欢给我出问题。

　　"接招！"我眼珠一转，用手将那些鸡蛋摸了个遍，但显然，我是"瞎子点灯——白费蜡"。也是，我都吃了这么长时间的早饭了，熟的也凉了。

用温度辨生熟鸡蛋显然行不通了，那该怎么辨呢？我想了一会儿，然后双手各拿起一个鸡蛋，分别放在左右耳边摇。我认为，熟鸡蛋是固体，摇它应该不会晃动，而生鸡蛋里面有液体，摇晃应该会有晃动的感觉。我轮流摇着鸡蛋，细细听着，好像是有点儿声音，但又不能确定。

我有点儿被难住了。"吃个蛋都这么烦，不吃了！"很想这样吼出来，然后潇洒地离开。可是，转头看见妈妈，我立马打消了这个念头。她也正在看我，看见我纠结的表情，她显然很受用。她一定期待我被难倒，好为前两天的失利扳回一局。我的脑袋再一次像发动机一样转了起来……

有了！我将那个疑似熟鸡蛋的蛋放在桌上，右手三个手指用力一旋，只见它像一个娴熟的舞者，飞快地旋转着，一圈，两圈……让人有眼花缭乱的感觉。我又拿起另外的一个，用同样的方法让其转起来，却发现它似笨手笨脚的初学者，没两圈就停了。我又试了其他几个，也是如此。于是，我拿起第一个转的鸡蛋，用力在餐桌上一敲——没有蛋液流出来，我准确地找出了熟鸡蛋。

我用力剥着蛋壳，想吸引妈妈的注意力，其实妈妈早就注意到了，她微笑着说："辨出来了，不错，我又输了！"

那微笑，没有一丝勉强。我的心被烫着了：我怎么会认为妈妈在期待我被难倒呢？有哪个妈妈希望自己的孩子不如自己呢？此时我很庆幸，我想方设法"辨"出了鸡蛋的生与熟，因为如果不是这样，我也许还"辨"不出妈妈出题的真正意图。

最　美

裴春华

那是一件旧军大衣，有些发黄，是岁月的磨洗。

它时常披在爷爷的身上，爷爷穿着它，背着手，总在村里转悠，脸上溢满笑容，因为那件军大衣象征着爷爷光荣的军人身份。后来，爷爷走了，那件军大衣就自然到了父亲的手里，父亲常常在冬日里，穿着那件军大衣，站在田埂上，俯视着家里的田地，深绿的麦苗，脸上也总是溢着笑容。再后来，爸爸外出打工了，妈妈自然地接过那件军大衣，它变成了早晚接送我上学的必备工具，厚厚的军大衣，总是暖暖和和的，妈妈的脸上也总是溢着笑容。

可我，并不喜欢。

那天，一拉开教室门，好冷，我不由得一颤，哈了口气，眼前顿时腾起一团白雾，似乎都能结成冰，"咔嚓"一下掉在地上。我搓着双手，和同学们说说笑笑地向校门口走去，门前站着保安，那挺拔的身姿，那武威的制服，那亮亮的徽章，帅气！身后隐约着一团"绿"。我并没在意，继续向外走去。

"哎哎哎，你往哪儿走？你妈在这儿呢！"身后，保安突然叫了起来。我疑惑地站住了，向他身后看去，只见一个身上包着军大衣，头上裹着围巾，只露出一双眼，略微有些胖的女人站在一旁。果真是妈妈，她往前站了站，与那保安的棉制服并排，格外打眼，军大衣洗得有些发白，质地已显僵硬，下边还打个补丁。

"哈哈哈……"身旁的同学笑了起来，"春，她是你妈？"刚想走过去，一下又停住脚步。尽管我知道，小姐妹也许并没有恶意，可虚荣心却作起怪来，我转过身，向远处黑暗角落的电动车逃去。妈妈小跑跟着我，隐约听见身后急促的喘气声，还有断断续续地轻呼："春儿，慢点儿，慢点儿……穿上大衣吧……"我充耳不闻。

在回家路上，狂风呼呼地钻进我的衣服里，冷，彻骨的冷。妈妈骑着车，温柔地说："冷吗？我把大衣脱给你吧，要不你钻进大衣里？""不用！"我口气僵硬。一想到刚才一幕，心中那把火又忍不住腾起来，"你就这么冷吗？下次能不能别穿这件衣服？"车子一哆嗦，话一出口，我有些后悔了，说重了。妈妈并没有说什么，只是感觉风中她的背影似乎缩得更紧了。或许，是真的很"冷"吧！

后来，妈妈再也没有穿那件军大衣，我也不愿过问，不愿提及那个横在我和母亲心中的梗。也许，时间会带走一切吧。

一个午后，我去家门外倒垃圾。刚打开垃圾箱，却见显眼的一团"绿"孤零零地堆在一角。我一愣，忽地想起了那个寒冷的夜晚，我的冷言相对。我不知道，平常舍不得买新衣的母亲，是怀着怎样的心情扔掉这大衣，我不知道被女儿呵斥后的她，又是一种什么样的心情。瞅着那厚实的军大衣，它其实并不难看，可我的审美却被虚荣心扭曲了。而我对母亲的心亦是如此，我爱母亲，却也因为那颗虚荣心改变了看法。

什么最美？是那件军大衣？是早晚接送我的母亲？还是母亲为我扔了大衣的决定？在我心中，却早已有了答案，该是我和母亲之间简简单单的爱吧。

游览霸王祠

吴波涛

寒假，我游览了位于安徽省和县乌江镇境内的霸王祠。这次游览，不仅让我对项羽这个历史人物有了更深的了解，还让我明白了好多成语的由来。

霸王祠又称"西楚霸王灵祠"，又名"项亭""项王祠""项王庙"等。关于它的始建年代，由于历史久远，已无从查考。据史书记载，其规模鼎盛时，厅、殿、厢、室等建筑共有九十九间半。导游告诉我，古代只有皇帝方可建祠百间，因项羽未成帝业，霸王祠少建半间，可见其声望威名。

霸王祠主景区由三部分组成。走进霸王祠，首先映入眼帘的，是位于右侧一座门额上写着"静观自得"的长方形院落。步入庭院，正中是一尊霸王的半身塑像，塑像上方悬一块"风骚千古"的匾额。院落四周的墙壁上，刻着一百一十八首历代文人墨客对这位悲剧英雄评价的诗篇，有杜牧的《乌江亭》，王安石的《题乌江项王庙》，梅尧臣的《宣州杂诗》和郑板桥的《项羽》等。细读这些诗篇，发现它们有一个共同点，就是"不以成败论英雄"。其中最让我感慨，对霸王评价最高的是李清照的《夏日绝句》："生当作人杰，死亦为鬼雄。至今思项羽，不肯过江东。"高度评价了项羽作为一个悲剧英雄的人格魅力，这大概就是他成为"风骚千古"的原因吧！

霸王祠的核心部分，是位于凤凰山上的享殿和位于享殿之后的霸王墓。高大的享殿中央，上悬一块"叱咤风云"的横匾，下立一尊高达2.66米的仿青铜霸王全身塑像：霸王身披铠甲，两眼圆睁，左手握剑，右手握拳，威风凛凛地端坐着，似乎正在发号施令，着实一副"叱咤风云"的模样。塑像两旁的木柱上，刻有多副楹联，其中一副为已故书法家赵朴初写的："彼可取而代之也。白眼视秦皇，一时气盖人间世；汉皆已得楚乎？乌骓嗟不逝，千古悲风垓下歌。"短短三十六字，概括了项羽一生的兴衰成败，让人在赞叹霸王英雄气概的同时唏嘘不已。

享殿两旁的侧殿里，展有多幅与霸王有关的陶俑，并配以文字说明。如"一举两得""破釜沉舟""四面楚歌""明修栈道，暗度陈仓"和"项庄舞剑，意在沛公"等。这些形态各异栩栩如生的陶俑，生动地诠释了这些成语、俗语的含义，也让我对它们有了更加深刻的理解，进而对中华文化的源远流长有了更加真切的体会。

享殿后面是墓区，通往墓台的石板神道上古松掩映，旁立四对石人石兽，墓台四周有仿白玉栏杆，中立"西楚霸王衣冠冢"碑石一方。墓台左侧是一段百米来长的地下墓道。盘桓衣冠冢，行走在两壁饰有战争画面的幽暗墓道，我能真实地感受到那段历史的沉重。是啊，历史是一面镜子，它教给后人多少人生的经验和教训啊！

除了这些景点之外，我还游览了"驻马河""旗杆台""抛首石"和"乌江亭"等景点，在"三十一响钟亭"，撞响了象征霸王三十岁短暂人生的大钟。洪亮厚重的钟声，诉说着人们对这位英雄人物的敬仰和怀念。

霸王祠，作为一个历史的坐标，将昭示给后人更多有益的启迪。

鸬　鹚

孙颖秋

　　两位渔民都是五六十岁的老人，古铜色的皮肤显得颇为壮实。不久，他们就把鸬鹚原本绑着的双脚解开，像赶鸭子似的把鸬鹚赶进了河沟里。小船也从一个斜坡滑了进去。

　　两位师傅人手一只长竿，又各驾一条摇晃的小船，在河面上摆动。时不时发出异样的怪叫，像是一种召唤与训斥，又用长竿拍打着水面，那两条小船一扭一扭地前进着。

　　鸬鹚下了水后就开始低沉地叫唤起来了。突然，一只鸬鹚扭动着肥大的身躯敏捷地向上将脖子一拉，又迅速提起后腿，同时将翅膀贴紧身体，再向水中一猛子扎下去，一个完美的弧形之后，它潜入了水里。

　　没过多久，它就叼着一条鱼上来了，衔在嘴里，昂着头，拉长了脖子。又扑棱扑棱翅膀，活像一个打了胜仗的将军，却又乖乖地站在船上，把鱼交到了师傅手里，又继续回到水中。

也不是每只鸬鹚都这样。你看那只，抓到了一条鱼，拼命地往肚子里咽，把脖子鼓得那么壮，还是斗不过那勒脖的小线，只得暗自惆怅地游着。

好戏还没有结束。这时，一只鸬鹚猛地张开翅膀，卖力地挥动了几下，接着就来了个轻功水上漂，踩着水面，风一般地掠过，就像是贴着水面飞一样。可是，它为什么不飞呢？

不久，鸬鹚上岸了。长长的喙前有鹰钩似的弯钩，墨绿色的眼睛异样的阴森，一身乌黑的毛像巫师的斗篷。一言以蔽之，整个鸬鹚就像阴险的老巫婆。这鸬鹚啊，除了对渔民不攻击以外，对其他任何生物都是一副虎视眈眈的样子，离它稍微近一点儿，它就扑过来。

"师傅，这个鸬鹚是从野生的变成家养的吗？"一个小女孩儿对表演师傅说。

"不是的，野生的捕不住，它本身就是养的。"师傅操着一口夹生的普通话。

哦。野生的鸬鹚快乐还是家养的鸬鹚快乐呢？想必是野生的。

家养的鸬鹚选择了没有天敌的世界，可如今，就连能否吃自己的食物都得看主人的脸色。为了一口吃的，宁愿放弃行走的自由，系上了控制的"脚镣"。

"为什么鸬鹚不能飞呢？"我问。

"它的羽毛被弄掉了，就飞不起来了。"

不会飞的水鸟算作鸟吗？可怜啊，放弃了自由，放弃了飞行的权利，甘愿禁锢在囚笼中，只为求得一时的安宁，也难怪它看见人就想啄呢！受尽屈辱，也真是"难为"了它了。

"养它有什么简单的办法啊？"老师问。

"不要喂它太饱，半饱就行了。饱了它就不捕鱼了。"

这人呀，可真是聪明，把这鸬鹚玩弄于股掌之间。只是这可悲的鸬鹚，放弃了自由，却也流落到连饭也吃不饱的境地了。

"不自由，毋宁死。"当鸬鹚放弃了自由时，它还拥有些什么呢？

"现在已经没有人来学了，十年之后，这鸬鹚捕鱼就没了。"渔民师傅摆了摆手说。我看见师傅手上有被鸬鹚咬过的痕迹。

十年之后，野生的鸬鹚自由地飞过天空。而鸬鹚捕鱼，终究成了一个传说。

平凡的爸爸

余心怡

　　我的爸爸是一个平凡的上班族，他大约一米七四，体重有一百七十多斤，又圆又胖的脸上常常带着慈祥的微笑，给人一种和蔼可亲的感觉。

　　我的爸爸是一个老好人，我的左邻右舍都知道的，谁家灯泡坏了，搬重东西了……都会跑过来喊爸爸去帮忙，爸爸总是随喊随到。我从来没有听到爸爸有过一声怨言，也从没喊过一个"累"字，他总是跟我说，你帮人家一把，以后需要时，别人也会搭把手的。爸爸学历不高，他总是用生活中的这些事来教育我做一个怎样的人，教育我要坚强。他每天都会笑眯眯的，一切不顺心、不如意好像都跟他没有任何关系。

　　正是因为爸爸的文凭不高，所以在学习上他帮不了我太多，我都是向妈妈请教的，但是我能有今天的成绩，也是很感激爸爸的。

　　还记得在我三年级的时候，作文成绩十分糟糕，通常能得个"良"就已经让我谢天谢地了。临近期末，看着自己的作文水平迟迟提高不了，我心急如焚。每天晚上，狂"啃"作文辅导书，直到十点多才睡觉；每天早上，吊着个熊猫眼上学……看得爸妈直喊心疼。可是为了得高分我一如既往。

　　在我坚持的第三天晚上，当我正将一大沓辅导书放到桌上，准备大干一场的时候，却意外地发现书桌上有一杯热气腾腾的牛奶。喝一口，一股热流直暖心田，令我精神大振，头脑格外清醒。我知道，这肯定是爸爸端给我的，因为如果是妈妈的话，她早就喋喋不休地邀功了。自那个晚上起，我的书桌上每天都会准时出现一杯热腾腾的香奶。在那次的期中考试中，我的作文居然只扣了一分，能有这样的进步，除了自己的努力外，还多亏了爸爸这个幕后英雄。

　　爸爸的爱，不像奶奶一样是种溺爱，不像妈妈一样甜蜜而唠叨，他的爱是默默无闻，像空气一样无形的，看不见，却又必不可少的。

　　这就是我的爸爸，时时在保护我这棵幼苗，时时都会给我最贴心的照料。这就是我的爸爸——最特别的爸爸。

我 会 记 得

裴春华

校园，深秋，太阳昏昏沉沉的，梧桐叶由浅黄变成枯黄，一片，又一片，飘飘悠悠，我的心情，也似乎只留下这片片黄叶。

穿过林荫小道，拐弯，刚走到楼梯口，恍惚看到了一个身影，好熟悉，渐渐走近了，原来，真的是她，曾经的好友。可我俩，这时，就像两条交不到一起的平行线，只是匆匆一瞥，又各自奔向自己的目的地。曾经，我俩是闺密，是无话不谈的知己。现在，我们被分在不同的班级，分别不过数月，怎么我们的友情就这样不堪一击吗？

曾几何时，我们上课做小动作，一起被罚站，却还咧着嘴偷偷笑；曾几何时，我们钻进同一条被窝，诉说彼此心中的小秘密；曾几何时，运动会上，我们手拉着手一起冲过终点线，慢慢地，不管身后的风言风语；曾几何时，我们许诺,一定要为对方做伴娘;曾几何时,我们发誓,做一辈子的好朋友……可那次的"传言",误以为是你泄露了我的秘密,我为了自己的一点儿"面子",竟然当面"摔镜断义","啪"的一声,你送给我作生日礼物的一面镜子,顿时成为碎片,你蹲在地上,捡拾碎片,一点点,我们那貌似"坚不可摧"的友情,毁了。

终究,我们谁都不愿先开口,哪怕一个微笑,都不舍得。转眼,学期已过大半,我也渐渐适应了这样的生活,一个人学习,一个人思考,一个人吃饭,也渐渐适应了没有她陪伴的日子,一天一天就这样翻过。

那天下课后,准备拿下节课要用的数学书时,却找不到了,我将课桌翻了个遍,仍不见踪影,早晨走得急,是不是丢在家里了?没办法,只能硬着头皮,到别的班级去借,可我不善与人交往。不自觉地,又走到她们班教室门口,恰巧遇见她从里面走出来,我刚想开口,却欲言又止,她也只是看了我一眼,就匆匆离去。"丁零零……"预备铃响了,快上课了,我急得像蚂蚁落到热锅上,团团转,终于我向远处的她,轻呼一声:"冬瓜!"("冬瓜"是我对她的昵称,因她长得胖胖的,而且还特别喜欢喝学校的冬瓜汤。)我的声音低得只有地上的蚂蚁能听见,她却停住了,随即转过身来,微微一笑。

她的笑如百里春风,一下子,吹走了我俩之间的屏障,融化了我内心的冰天雪地。她小跑着过来,笑容依然洋溢在脸上，"豆，怎么了，有事吗？"我深吸一口气，平静心中的小鹿，不再急躁，因为我知道，有她在，我就能克服一切阻碍，"能借本数学书吗？你知道的！我总是这样，又丢了！"我不好意思地垂下了头。"你呀！"她依然笑着，摇摇头，回到教室拿了给我。上课铃响了，我来不及说"谢谢"，就跑回了教室。可我知道，我和她之间不必言谢。

我会记得那烂漫的笑容，以及我们不变的友情！

晚　樱

沈倩依

　　"人间三月芳菲始"，此时，晚樱开了。

　　我拉上几位空闲的小伙伴，赶着这明媚的早晨一起去赏晚樱。来到晚樱正盛开的广场，一抹抹粉红的色彩映入了我们的眼帘。远远望去，一簇簇，一株株，一朵朵，就像一座座喷花的飞泉，在绿叶的衬托下，显得无比绚烂。仿佛是一条条粉红色的蓬蓬裙，由枝干穿着，展现在阳光下。"啊！好美！"我们大声赞叹。

　　三四月份是晚樱盛开的季节。花朵绽放于枝叶丛中，是那样俏皮、可爱。凑近花朵，一股淡淡的清香扑鼻而来，非常清新，使人顿感心旷神怡。再瞧一瞧那花瓣，说它是桃红色吧，又似乎有淡淡的白色相间着，我无法用文字来准确地形容。再摸一摸那花瓣的质感，柔韧而有弹性。我不禁又伸手抚了抚眼前的花瓣，那触感如牛奶般丝滑，仿佛丝绸一般。一缕缕和煦的阳光从绿叶间探进来，金黄金黄的，洒在花上，于是，花儿朦胧在阳光里，阳光朦胧在花儿里，映着各自的美。沐浴着温暖的日光，又身处在一片粉红的花海中，我沉醉其中……

晚樱开花有早有迟，在同一棵树上能看到花开的各种形态。有的含羞待放，淡红的花苞鲜嫩、可爱。有的刚刚绽放，几只小蜜蜂就迫不及待地钻了进去。盛开着的晚樱，粉白相间，十分淡雅。微风拂过，它们便随之起舞，活像一个个害羞、可爱的小姑娘。瞧！它们脸颊漾着一圈圈的粉红，那是多么美丽的笑靥啊！

整体看上去，枝丫上一个个小巧玲珑的小精灵，你不让我，我不让你，挤在一起。一株晚樱就好似一个数世同堂、生生不息的大家族。此时，树下又传来我们的欢声笑语……

我爱晚樱的清香与淡雅，更爱它旺盛的生命力！

我 的 姥 姥

蔡颖慧

　　我的姥姥是一位年近八旬的老人，中等身材，齐耳的短发已经像雪一样银白，鸭蛋形的脸庞略有些皱纹，眼睛不大却很有神，说起话来慢条斯理的。她身体很胖，还有些驼背，走起路来有些步履蹒跚。没事的时候她喜欢读书看报，也喜欢养一些花，只是不爱看电视。姥姥为人很随和，只是因为年岁大了，有些爱唠叨，但仍是一位慈祥的老人。

　　每天早晨，她总是第一个去看她那盆心爱的君子兰。姥姥先是细细地端详，看看它是否长大长高，叶子的颜色是否正常，然后用手中的小铲为它松一松土，有时再上一些肥料，接着便慢慢地把它端到茶几上，自己做到沙发上，用一小块布蘸着喝剩下的啤酒慢慢地、一片一片地、小心翼翼地为它擦叶子。姥姥说这样做君子兰的叶子会变

最美丽的风景

得又绿又亮，看起来很有精神。这一切都做完了，她就会弯着腰抱着那盆富贵竹慢慢地走到水池边，进行第二项工作——给富贵竹换水。等收拾完那些花，一上午的时间也就过去了。

每到下午三点半左右，姥姥就会站在窗前，静静地望着大院的门，那是在等我放学回家。因为她的耳背，怕听不到门铃的声音。我怕姥姥站的时间长了腰会疼，就自己带了钥匙，可她还是不放心，每天仍然静静地站在窗前直到我回家。天热的时候，她就会给我盛好冰镇的绿豆汤；天凉的时候，就会马上把我搂到怀里用手给我捂脸捂手，总怕把我冻坏。每到此时我心里都是暖融融的。

晚上全家人都回来了，姥姥就开始唠叨起来，要问爸爸、妈妈在单位的情况，问我在学校的学习情况，等等。

姥姥虽然不大爱看电视，但每天的天气预报是必看的。看过了天气预报，她就开始忙活给我找衣服。天要冷了就准备厚一点儿的衣服；天要下雨了就去准备雨衣；太热了又去找遮阳帽。都给我找齐了，又去催爸爸、妈妈，提醒他们准备衣服。总怕谁忘了。

我的姥姥就是这样一位既平凡又慈祥的老人。我爱我的姥姥。

胖　子

龙苏蕊

我的父亲曾经是个胖子。他胖嘟嘟的肚皮，曾是我的摇篮，我常常趴在上面，嗅着淡淡的机油味入眠；他有力的双手，曾是我的秋千，将我一次次抛向蔚蓝的天空，留下一串串银铃般的笑声；他粗壮的大腿，曾是我的依靠，抱紧它不再害怕苦难……

"喂！妈，什么事？"接过舅舅递过来的电话，我漫不经心地问道。"蕊蕊，你爸晕倒住院了。"电话里传来妈妈带着哭腔的声音。

我不知道自己是怎么出了舅舅家，怎么坐上车的，妈妈电话里还说了什么，我也不知道。耳边只有"爸爸晕倒住院"这几个字。"表姐，你手好冷哦。"表妹握着我冰凉的手说道，眼中满是担忧。"表妹，没事的，别紧张。"我突然觉得这个平日里老爱欺负我的表哥，也不那么讨人厌了。我挤出了一个笑容。"没事，我很好，"我想那个笑容一定难看死了。

到了病房门口，我却步了，害怕了。我害怕进去后看见爸爸毫无生息地躺在那里，害怕看见妈妈无助落泪的场景，害怕听见奶奶悲哀的叹息……表哥首先推开房门进入，我站在表哥旁紧张地向房内张望。爸爸躺在床上，挂着点滴，已经醒了，他那苍白的脸上，堆满了笑容，脸上的肉挤在一块儿，像个弥勒佛一样。

"蕊蕊来了，老爸没事，就是最近累了点儿，别听你妈的。过几天就可以出院了。"爸爸伸出手来摸摸我的脸颊，故作轻松地说。可那软弱无力的嗓音却出卖了他，那双手还是那么粗糙，那么厚实，但是却没有以前有力。几缕白发也不知什么时候爬上了爸爸的发梢，爸爸的额头也不知何时被皱纹所占领了，我却一直没有发现。

后来，妈妈告诉我，爸爸是得了糖尿病，那天爸爸去姑姑家帮忙做饭，突然一头栽倒在地，这才被姑父他们送到医院。那时我不知道糖尿病会怎么样，我只知道糖尿病是因为糖和肉吃多了，又不常锻炼造成的。我当时很自责，因为这都是我的错，我常常让爸爸给我做糖醋排骨、红烧肉、骨头汤，可每次我吃不完，都会被妈妈骂，然后爸爸就会帮我吃掉。

如今，爸爸瘦了好多，我的摇篮消失了，秋千不见了，胖子，也消失了……

心中盛满欢喜

与花香牵手

赵新雨

那个节假日，父亲在单位值班，母亲和她的姐妹们去旅游了，我和外婆在家里。外婆看那让她落泪的电视剧，我在客厅里写作文。

客厅里有许多花，我被花香包围着，感觉真好。

作文写完后，我起来轻轻地在客厅里漫步。阳台上的鲜花给我送来缕缕花香，让我感到心旷神怡。对着阳台上的十几盆鲜花，我突发奇想——干脆我给她们做一次彻底的美容吧。

说干就干，我先拿来喷水的小壶，灌好清清亮亮的水，给青枝绿叶的鲜花浇水。细细的水线，像娇媚的丝线，在我幸福的心房和颤抖的鲜花中间架起迷人的彩虹桥。

十几盆鲜花浇好后，我用自己缀满花香的修长手指，给鲜花姐妹们修理枯枝败叶。我麻利而小心地掰掉几乎死亡的老枝丫，我看到枝干的伤口上瞬间被绿色的汁液弥补，我想："瞧，鲜花姐妹多会保护自己啊！她是用自己的血液保护好伤口，免得被细菌感染。我们小学生也该学会这样自我保护的本领。"

半个小时后，我嗅着沁人心脾的花香，把残枝败叶收拾进垃圾桶。眉弯上的花香悄悄对我说："瞧，多么美丽迷人的画面，再仔细地擦擦花盆吧。"于是，我用湿润的毛巾开始小心细致地擦拭起花盆来。光润的瓷盆，用她们柔柔的暗光对我表示着感谢。随着小手的动作，花朵在微微颤抖，就像是对我微微地点头。

花香用她的善良拨动着时针的剪刀，两个小时后，花盆洁净温润，花苗亭亭玉立。我和外婆一起拍了照片，发给旅途中的妈妈，妈妈说她第一次欣赏女儿的劳动作品，好开心、好舒心、好安心。

心中盛满欢喜

王晨伊

世间万物，皆有因果，但有时却并不一定非要求得一个答案。

你看窗外明艳娇美的黄菊，今日想要开放了，便伸个懒腰，抖落重重叠叠金丝般的花瓣，绽开洒脱不羁的笑颜，引得秋风也驻足流连。你瞧桌角温暖轻柔的阳光，突然变得淘气了，悄悄地缠上我的笔，又一不小心跌倒，洒落了一本子和煦的暖意。你听林间娇俏可人的莺儿，心里舒畅了，便对着蓝蓝的天空，唱出清丽委婉的小曲儿，醉了整片喧闹的密林。

所有如这般美好的时光，为什么非要有个因果呢？每一件温暖却无厘头的小事，几乎拼接成了我们生命中所有的欢乐和感动。

像是你扶住同桌因抽书而快要打翻的杯子，她帮我拍掉校服上的粉笔灰……

这一切之所以存在，发生，都没有一个像是理化题一样的标准答案，但又总有一种莫名的感觉，觉得这样的事情，实在是再正常，再合理不过了。

这大概就是生活之所以美好，令人向往的地方吧。只一个浅浅的微笑，都会种下温暖人心的光源，持续不断地照耀着，焐热那些冰封已久的心。

如果说一定要为这些美好找一个缘由的话，那么大概，是因为我们心中都盛着满满的欢喜吧。因为喜欢生活，喜欢清晨第一缕阳光，所以有时那些欢喜一不小心洒出来，就把四周的一切，渲染成了最美好的样子。或许这便是生活的答案吧。

我的可爱舍友

蔡 彤

说她可爱，好像也不是，因为她大大咧咧，无拘无束，活脱脱一个女汉子；说她狂野，貌似也不是，因为她认真起来，又是呆萌到有点儿傻的女孩儿。她是我们宿舍的开心果，一个可爱幽默的女孩儿——陈文青。

说来也巧，我在班上第一个认识的人，就是她。记得第一次遇到她时，感觉她是一个非常优雅的女孩子：一副白净柔嫩的脸蛋上，镶嵌着一双豌豆般水汪汪而富有灵气的小眼睛，加上一个高挺的鼻子和一张红润的小嘴，看起来文文静静的，特别让人喜爱。也许刚开始并不是很熟，她显得有几分羞涩，不太愿意和我们交谈。可是，我的直觉错了，她美好典雅的形象，慢慢地在我心目中消退，取而代之的是一个诙谐搞笑的人。

她的性格特别活泼。或许是她妈妈文艺细胞遗传的原因，她会唱的歌曲特别多，而且好听，堪称我们宿舍的"歌王"。每当她"高歌"时，总会吸引隔壁宿舍的同学过来。甚至有一次，隔壁舍长开玩笑说："陈文青，你可以参加中国好声音了！"而她，也毫不谦虚地对答："我的声音无人能比，呀啦嗦，那就是青藏高原……"不仅如此，每次上厕所或者洗澡时，她的歌声也毫不消停。从入学到现在，她唱过大大小小不下百首歌曲，从邓丽君的柔情小调到如今的流行歌曲，她都会唱。她的歌声简直是"不绝如缕"啊，所以，叫她"歌王"毫不为过。

她的感情极为丰富，甚至可以说是夸张至极。有时，她仅是不见了作业簿，就急得慌忙冒汗，手舞足蹈，嘴里不停地喊着："完蛋了完蛋了！啊啊啊哟……"一副天塌下来的模样，而这时我们怎么劝都不管用，只好任凭着她疯狂地发着牢骚；可当找到作业簿后，她又高兴得什么似的，并且"表演"着她那疯癫的舞姿，实在让人哭笑不得。

虽然在生活中，她比较爱搞笑，可一旦认真学习起来，谁都比不上！有时，她在认真读书，如果你叫她，她根本听不见。她一直坚信天生我材必有用，对自己充满自信，这也使她在学习上取得了很大进步，她的专注精神是非常值得我们学习的。

没错，这就是她，我的可爱舍友，一个人人都爱的好女孩儿！

遇见你，是我的幸运

廖雅晖

岁月在墙上剥落，时光淡化记忆。但，总有这样的邂逅，紧紧缠绕在记忆里……

小考失利，我陷入了焦灼。那个暑假，总是坐在桌前无所事事。窗外，虽姹紫嫣红，给我的感觉却是凄凄惨惨，这些藤蔓只是漫无目的地生长，殊不知自己长得越高，被人采摘的要概率就越大。我轻笑藤蔓像稚嫩的孩子般无知。

突然，一抹红色突兀地映入眼帘。算不上风情万种，只是有些艳，艳得有些刺眼。我带着几分好奇，静静地欣赏。

蓦地，脑海里突然跳出冰心的一句诗：墙角的花，你孤芳自赏时，天地便小了。

只不过，它是一株傲慢且带刺的玫瑰。几次想不再关注它，但还是时不时瞟它一眼。"唉，我再没有勇气去傲慢了。"我呆呆地望着。"我什么时候能再次闪光呢？"我问天，也问自己。

天空依旧瓦蓝，水依然清澈，可地上人儿的笑脸却已不再。

夜晚。月黑风高，开始只是一滴一滴的雨珠，后来雨竟越下越大，似瓢泼，似倾盆。梦里，一株无名的花朵在风雨中挣扎、挣扎。醒来，泪已打湿枕头。

清晨，掀开窗帘，那一抹红只是不再那么鲜艳，那么刺目。再仔细看，残红的身边，一抹抹新绿生机勃勃。昨晚的风雨，对花儿来说，已是寻常之事。看看依旧精神、依旧艳丽的花朵，油然而生敬意。

如此坚韧的生命，虽然不再鲜艳，但在我的心里，却如一团火焰般。

没有料想，生命，竟然是如此坚韧，如此有斗志。

花儿如此，我还有什么理由沮丧？我还有什么理由颓丧？抬头看，迎接我的依旧是阳光雨露，还有父母那一双双满含期待的笑脸。

一瞬间，心里如一丝清泉滑过。那一刻，清风拂面，红色在我眼里，化作翩翩蝴蝶。风雨又算得了什么，反正山高水长；小考失利算什么？初中，新的起跑线，一个崭新的开始，新的理想在向我召唤……

蓦然，眼前书中的符号，已不再是一个个冰冷的文字，仿佛是一个个精灵；窗外那摇曳的一抹红，仿佛一簇火焰，在我眼前跳动。

越过那道墙

陶　怡

春天，万物复苏，到处是生机勃勃的景象。我在围墙边上播了点儿丝瓜种，隔壁的小月也在属于她家的墙角撒了豆角种。

几阵春雨过后，我和小月种下的种子都发芽了。芽儿越长越长，爬起藤来了。

我们两家的瓜与豆在同一堵墙的两面爬了上去。不久，我家的瓜就"侵犯"了邻家的豆，邻家的豆也"涉足"到我家境内，竟和我家的瓜缠在了一块儿。看着丝瓜藤和豆角藤在墙上握手言欢，我不由得脸红了。

我家和小月家虽是隔壁邻居，可关系并不好，常为了一点儿鸡毛蒜皮的小事闹矛盾。大人们合不来，我和小月自然也只好隔开了，以前的好朋友变成了陌路人。其实，我俩都想和好，也都想让两家人和平共处，友好往来，只是谁也不想先开口。

日子一天天地过去了，这些瓜和豆发疯似的缠呀，绕呀，还开了很多花。小月不忍心拉坏她家的豆角藤，我也不愿意跳到她家拽回我家的丝瓜藤。没多久，瓜豆都成熟了，小月不好意思到我家来摘豆，我也不好意思到她家去摘瓜。

看着诱人的瓜豆，终于，我们再也忍不住了，我摘下了小月家的豆，小月也摘下了我家的瓜。

那天晚上，我鼓足勇气，提起一篮子豆角正准备出门，突然有人轻轻地敲门。我想这么晚谁还会来我家呢？我满腹疑问地打开门，一看是小月，她手里还抱着几根丝瓜呢。她把丝瓜递给我，我忙推回去，说什么也不肯要。可她硬是不让，我只好收下了。她也收下了我准备送过去的一篮子豆角。我们都会心地笑了。

在我们两家的那堵围墙上，藤蔓还在继续缠绕，不断地缠绕，可我知道，隔在我们两家人心里的那道墙，早已被我们越过。越过那道墙，我们的生活变得更加美好了！

报刊亭前的岁月

张溯尧

　　叠在桌上的杂志已有一尺多高，散在其他地方的更是不计其数。望着这些书刊，恍惚儿时挤在报刊亭前翻书的时光浮现在我的眼前。

　　第一次去报刊亭是我两三岁时的一个冬天，穿得笨重的我跟着妈妈四处游玩，妈妈带我到一个搭着绿色遮雨棚的报刊亭里，给我买了几本《幼儿画报》《幼儿园》这样的书。夜晚，在柔和的床头灯下，妈妈将杂志里的世界娓娓道来。我喜爱听这些美丽的故事，也便爱屋及乌地爱上了报刊亭里散发出的油墨味儿。无数个日升月落，我总是催着妈妈带我去报刊亭，也不一定要买书，仅是用手抚过那一本本看不懂的书，也足以让初探世界的我兴奋不已。

　　那时我们家在东关正街，周围没有一所书店，也鲜有人会想到读书。那座报刊亭又小又不起眼，除了捎带卖的烤香肠会吸引几个过客，它总是湮没在早市的叫卖声与热乎乎的豆浆气味里。老板是个寂寞的人，一副老式眼镜挂在鼻梁上，时常窝在一堆报纸上发呆。报刊亭的冷寂与他的呆滞凝成一层霜，如同秋日里植物上的白色结晶，然而它们却是我窥视到的知识宝山的第一缕晨光。

后来我到了上学的年龄，我们家搬到了南郊，这里文化气氛浓，周围有好几家书店。我认的字逐渐多起来了，手上捧着的不再是画报，而是印刷得密密麻麻的字书。我醉心于《红楼梦》《丰子恺散文》，着迷于《古文观止》《文化苦旅》。读的书厚了起来，眼界也从冬日里嘈杂的街区扩展到一座城乃至整个世界。偶尔，我还是会去报刊亭，和同学一起，挤在小窗前，翻阅新的《读者》和《美文》。这里的报刊亭也同样灰蒙蒙的，同样驻扎在闹市区的一片浮华中，同样寂寞而冷清。可是一旦有叽叽喳喳的学生光顾，这里的气氛便很快活泼起来。老板依旧是个戴眼镜的老人，常常窝在柜台里读书，因而常常忘记招呼顾客。他是个善良的人。我们刚搬过来，诸事不便，一次妈妈为了练字，向他索要几份旧报纸。得知我们的来意，他竟然十分开心，愉快地送上报纸，还连带一串祝福。这位老人，嗜书如命，热情又充满浪漫情怀，在车来车往的闹市中显得那样脱俗，令人不禁联想到远山与清泉。然而我依然常常忆起曾经的东关正街，那位呆滞的报刊亭老板，想到他的空虚与悲苦。我曾多么向往报刊亭老板的生活，终日与书为伴，该是何等悠闲快乐，但他的眼神险些让我的梦想支离破碎。不管怎么说，他都是书山路径的守望者。

报刊亭前的岁月简单而美好，它滋养着孩子们幼小的心灵。愿城市中大大小小的报刊亭继续驻守，为更多孩子打开智慧之门！

春风的画笔

王　欣

　　甜丝丝、温润润的春风，是一支奇妙的笔，在蓝天的画板上，为我的心情勾勒出春天娇媚的图画。

　　春风先将画板染成淡蓝的底色，蓝得是那样洁净，那样清纯，蓝得让你忍不住想捧起来吮吸几口。接着，一排大雁倏然间出现了，在广阔的天空中，一会儿是柔美的人字，一会儿是刚劲的一字，她们的翼尖挂满了春风的欢愉，她们的歌声中融进了春雷的兴奋。随着画笔的舞动，洁净的蓝天上太阳公公张开了慈祥的笑脸；大雁姐妹们把响亮的歌声挂在阳光的风筝上，在无边的天空中谛听着兴凯湖畔上近万座塑料大棚里绿色的梦呓。画面的深处，黑土地一直铺陈到天边，兴凯湖洁净的冰面上飘满了春风姑娘妩媚的脚步。

　　春风姑娘，你是我心中一支奇妙的笔，为我描绘出了一幅最美的图画，那里有满眼希望在萌芽。

窗　　外

王晨伊

　　这一季漫长的秋，燃尽了所有金黄的火红的生气，刺骨的寒雨侵蚀掉了城市仅余的色彩，然后一切就都变成灰的白，连天空都比往常沉重。

　　高楼灰色，飞鸟白色，天空灰白色。

　　猛然想起了小时候外婆家窗外的白桦，挺拔得向天空伸展，以一种凛冽的姿势站立着，每一片树叶都有人脸那么大。大抵是那时的我太小，竟觉得树上的长尾喜鹊，像是在云端歌唱。那时你伟岸壮丽的身影，虽然从窗子里只能看见你的一部分剪影，却总让我从心底，感到一种奇异的美。

　　立夏之后，白桦巨大的叶片，就会将阳光裁剪成细碎的金箔，贴在我的窗子上，看起来就像是从叶脉中流淌下来的，树的精魂。知了攀在白桦树上，永不停息地歌唱着夏天，万物永生。深秋之后，不算窄的街道上，总是铺满了厚厚一层枯黄凋敝的落叶，环卫工人把这些落叶扫成一个半人高的小堆，一把火将它们点燃，灰白色的青烟纠结缠绕，在我窗外弥漫消散。那些外墙斑驳的小楼，院里丛生的杂草，这时都变得如梦似幻。而火燃烧到最旺盛的那一刻，一定是这些叶子即将化成灰烬的时刻，它们层层叠叠，落在了我的心上。

那时候我的窗外，有参天的白桦，有枝叶间歌唱的喜鹊，有树下打着毛衣拉着闲话的老人们，有不停叫我出去玩的小伙伴。而现在的窗外，只有两侧冰冷的高楼和中央四四方方灰白色的天空。即使是万里无云的时候，也只有下午阳光才可以爬上我的窗台照进我的小屋，酿一星半点儿的暖意，而后匆匆离去，了无牵挂。

窗外的时光如流云飞逝，只一眨眼，便换了另一个天地。

窗外的天空变得很硬，像一整块橱窗玻璃。睫毛上凝结成的霜花，不动声色地昭示着冬日的来临。这一季的秋漫长得近乎永恒却也终将过去，而窗内小小的孩子，长大了。

记忆中的画面

余梓涵

  妈妈对我那无尽的爱，变成一幅幅画面，历历在目，刻骨铭心。

  小时候的我，骨子里包含着顽皮与不驯，就像小马驹一样，忘我地驰骋在自己的世界中。可是，一件事，一件非同寻常的小事，使我一下变得成熟起来。

  那天，天阴沉沉的，风很大。原是二年级小学生的我望此情景，不由心生寒意。正欲回去，这时好朋友用胳膊碰我一下，并挤眉弄眼，一看就是在打手势。他朝他家的方向努努嘴。我心领神会，不由得高兴起来，天气的事早已抛之脑后。我们一起向他家奔去。

  到了以后，我们开始玩游戏。不知不觉天色就晚了。朋友打开了灯，我的心咯噔一下。心想快回家！心中冒出这个念头后，我便立即背上书包，玩命飞奔。朋友不知何故，只喊了一声。我挥了挥手。

下雨了。空气中流动着无尽的寒意。风拨动树叶，发出可怕的簌簌声。街上空无一人。我全然不顾，任雨淋湿身上，任风折磨脸庞，依旧奔跑。天地间仿佛我一人，只听到自己的喘息与脚步声。

　　家门就在眼前。但奇怪的是，屋内无灯，大门紧锁。这究竟是怎么回事？我的心中积聚无数的问号。焦急的我连忙询问邻居阿姨，阿姨看我这副狼狈样，生气地说："你去哪儿了？你爸妈出去找你了！真让人担心！"听后，我头皮一炸，心里如十五个吊桶打水——七上八下。我又一头钻入雨中。

　　完了，妈妈肯定会痛打我的。心里越想越害怕，不禁加快了步伐。一头"小马驹"，转了无数圈，到处询问，仍没有找到自己的爸爸妈妈。

　　后来是妈妈发现了我。她浑身尽湿，头发早已粘在了脸颊上，泪水像断了线的珠子，不停住地流。见到我，妈妈就像抓住了救命稻草一样，死死抱住我。

　　我不由得愣住了。这是原先的妈妈吗？那个恨铁不成钢的妈妈？不！显然不是！都不是！她是我最好的妈妈！想到这儿，我鼻子一酸，喉咙哽塞起来，哇的一声哭了。

　　我们回家了。雨也停了，云也散了。月光柔和地洒在妈妈身上，这是一个和平的夜。妈妈抹抹眼角，换了一个面容，对我微笑。刹那，时间似乎停住了，那张微笑的脸是那么可爱、温柔而又纯洁。这笑，饱含了妈妈对我的爱。

你好，江姐

戴晗捷

腊月的雪飘在书房的窗棂上，不知何时，外面已是大片耀眼的白。捧着书本，我的眼前浮现出星星血色，你充盈了我整个脑海——江姐。

爱上《红岩》，因为一直都想读懂你。没法近距离地接触你，却能感受到你身上那红色的勇气。窗外那苍白的脸，发丝凌乱，双眸却如深夜的星辰，一定是你吧！虽然严刑拷打下的脸庞失去了蓬勃的血色，但你那瘦弱的身躯分明散发出红色的光芒，如火，如日。

朔风从窗隙中挤入，吹得人浑身发抖，泡了一杯姜茶，想用它来驱寒。可茶未至嘴边，一股刺鼻的辣味便钻入鼻中，几欲作呕。放下杯子，想赶走那股令人难闻的味道。在风中，你出现了。嘴边漾着一点红，渣滓洞里的食物应该更加难以下咽吧！想着想着，我慢慢地举起杯子，饮尽了姜茶。看见了你在对我笑，空杯子里还留有你的余温，很暖，我情不自禁地道了声："你好，江姐！"

写着写着，倦意袭来，忍不住打了个哈欠。放下笔，想去睡觉。在眼前，你出现了。你笑着，面孔上有几条鞭痕，渣滓洞一定更加难熬吧！我似乎看到了你用竹筷削笔、烧棉做墨的那一幕，立马揉了揉眼，洗了把脸，重新回到桌前写作业。墨香一点点溢出，醉了心扉，你那灿烂的笑容浮现在纸上。我也笑了一下，感激地道了声："你好，江姐！"

走着走着，没走几步路鞋子就进水了，全身湿透，实在是太烦了！虽然带了雨伞，但雨之大，还是令人郁闷，气得我真想回去。你出现了，雨帘中那一笑令人的心情成了阳光地带。渣滓洞漏雨吗？条件一定更恶劣吧！撑着雨伞继续往前走，一会儿超市就亮堂堂地撞入了我的眼球。雨打伞的声音变成了深情的伴奏，我似乎又听见了那首振奋了无数人的歌曲："红岩上红梅开，千里冰霜脚下踩，三九严寒何所惧，一片丹心向阳开。"走进超市，一股暖流迎面而来，滋润了全身。你在灯光下笑，我加快脚步，向你挥了挥手，热情地对你道了声："你好，江姐！"

坐回书房，重新捧起《红岩》，看着看着，止不住落泪，那红色的光芒照亮了小小的书房。看到那"罪恶的枪声一响"，我忍不住丢下书，掩面而泣，再也看不下去。抬起头，又看见你笑着对我招手，目光中是无限的坚定，没有一丝悲怆。不想看下去了。抬起头，你正笑着向我招手。我释然，你都这样坦然了，我还有什么理由要如此悲哀呢？你笑着，满心欢喜地欣赏着窗外的每一棵绿树，每一只自由飞翔的小鸟，甚至憧憬着一幢幢高楼的出现，憧憬着人们幸福的生活……继而又转过头来对我笑笑，我挥挥手，深情地对你道了声："你好，江姐！"

你的人生路结束了，可你用鲜血铺成的幸福之路，正芳草萋萋，无限延伸，我脚下踩着的每一寸土地，都有你不屈的灵魂。我终于读懂了你的笑容，你的眼神。是的，我的幸福，我们大家的幸福，正是你所有的心愿。

别来无恙，我的小宠物

康鑫艳

周六早晨，我叫上同学出去玩，在一条街上，我瞅见摊位上一只小兔子，立马掏钱将它收入我的囊中。

我对那只兔子可以说是"一见钟情"了，因为它的确可爱。它身上软绵绵的，像一个小绣球，我总是忍不住想要把它捧在掌心；出门时，都不忘把它放在口袋里。

那天，我去超市时，超市进口的大姐姐并没有发现什么异常。我兜着它进去逛了一圈，为它精挑细选了一根胡萝卜。

结账时，收银台阿姨跟我说："小姑娘，你的手机壳真漂亮。"我当时就在想，我本没手机，从哪来的手机壳啊？低头一看，我的小兔子一脸萌相地从上衣口袋里伸出头来，好像在说："你是在夸我吗？"我一下子涨红了脸，赶紧捂住口袋，这时，收银台的阿姨脸色严肃地对我说："以后不准带宠物来超市了啊。"我灰溜溜地跑出超市。

回到家，我给它切了一小片胡萝卜，它抱起来向我炫耀似的，眯着眼睛开心地啃了起来。

第二天早上，我带它出去玩。在公园里，我随手摘了几片不知名的漂亮叶子喂它，它很贪婪地吃了起来。

回到家，我发现小兔子很异常，什么都不吃，我想，大概是和我逛累了，想睡觉，就把它放进小笼子，没再理会。没想到它睡着后就再也没有醒过来。我难过极了，飞跑着去兽医诊所，对兽医说："求求你，救救它吧！""它吃了不该吃的东西吗。"兽医的话提醒了我，我才想起来那不知名的叶子。是我害了它！

我养它都不到一个星期，这只刚出生不久的小兔子就这样夭折了。

现在，我只要看到电视里的动画兔子，或者生物书上的兔子图片，总会不由自主地念叨："如果我的小兔还活着，该有文具盒这么长了吧？"

小兔，我又想你了！

落

顾韵雯

落日、晚霞、余晖……

太阳落下来，夜晚缓慢地吞噬天空，落日给一天画上了一个圆润的句号。火烧云诡异地渲染着这片黄昏，映衬着像橙子一般的太阳——沉沉的，像是成熟了。

落雪、北雁、狂风……

大雪落下了，这让整个冬天更加静谧。雪有时被狂风吹着，无法下落；有时和着微风的步调，旋转，起舞。如果有落单的北雁，在雪停以后，从上空飞过，加上白色的松树轻轻抖落长枝上的积雪，那画面很美，就像一场电影。

落雨、屋檐、涟漪……

下雨了，雨水从老旧的屋檐上流下，似一串珠子，从上空，散落到地面，在水坑中、湖面上，不断激起涟漪。

雨点儿打在绿叶上，雨水集起来，叶子禁不住这重量，向下抖落豆大的水珠。

落叶、秋风、枯黄……

起风了，干枯的黄叶，被风卷走，轻而快地在半空中打旋，后院有两棵树，一绿，一黄——昨夜的狂风把叶子堆满了院子，清洁工好不容易把它们扫到一起。远处看，发现是一个心形，一半绿，一半黄。

落花、残香、飞扬……

花季已过，花落无声——凋零是一种美的存在。"零落成泥碾作尘，只有香如故"，残花有残香——这是一种悲伤还是快乐？叹息地走过落花时节，看花飞扬于空中，何等感慨在人心中！

落是一种美，瞬间的消逝却恰好在人们心中得到永恒。正如流星，如此快地在天幕上华丽坠落，用"最短"的代价换得"最美"的存在。

爱 在 细 节

张子贤

每当夜幕来临，我便从细节中看到了丝丝母
爱。

——题记

当被"剪不断，理还乱"的数学题困扰时，我叫来了
母亲。纸一张，笔一支，手指一点，母亲便领悟了。只见
她迅速用目光扫视了一遍题，眉毛拧了起来，此时，空气
凝固了，除了钟表的声音，没有一丝杂音。少顷，母亲若
有所思地用笔演算起来。

渐渐地，母亲面部表情舒缓起来。后来母亲露出了微
笑，"呵呵，闺女，这道题啊，这样做……"

看到母亲一丝不苟的神情，我心生感动。多小的细
节，多大的爱！我不禁想起了前几天母亲帮我抄历史题的

样子……

　　白色的灯光氤氲着温暖，夜深了，只有笔与纸的摩擦声。声源来自两个人——我和母亲。我在写作业，母亲呢？在为我抄历史题。我刚好能观察到母亲。只见她一手执笔，一手指着卷子。母亲先是指几个字，再是写。她写得那样慢，完全是一笔一画，没有平时的潇洒飘逸，纸上留下了一串串黑色的小精灵。渐渐地，母亲的动作变得娴熟了。用手指一下，写一行……她的手慢慢地移动，纸上的字渐渐增多。她的动作持续着……忽然间，母亲找不到原来的位置了，她显然有些焦急，她上下搜寻着，想要找到"目标"。没有发现，母亲只得从开始搜寻了起来——终于找到了，母亲长出一口气。这一回，母亲变得异常小心，开始用手一个字一个字地指着，然后一个字一个字地写着，并且写得更仔细了。

　　时间一点点推移，正如母亲的手。夜更静了，窗外的灯光陆续消失。终于抄完了，母亲轻轻地放下，轻轻地走开，我拿起本子，上面秀丽的小字让我眼前一亮——题目是黑色的，答案是红色的，多醒目的形式。

　　拿着本子，我的心被感动着，多么伟大的细节，让我感到了来自母亲的温暖。生活中，正是这些细节，让我在爱中成长，它陪伴我走过了日日夜夜，终将到达成功的彼岸。

发 现 之 美

徐冰花

背不完的文言释义，读不懂的唐诗宋词，愈学心情愈加烦闷。索性合上书本，再去那条久违的田间小路上走一走。

夕阳如血，洒满整条小路。走着走着，一片落叶飘落在我的面前。我停了下来，抬起头，仰望着这树叶已经斑驳的躯干，突然一股伤感涌上心头，这是一股从未有过的伤感！

树叶的生命只有短短几个月，却要在这些日子里抽穗、拔节、制造养料，可最终也逃不过悲哀的命运——落在土地里，变成腐物。我很不解，何必这样执着？时光太匆匆！

凝神，思索，难道是我错了？

我蹲下身，捡起那片落叶，细视着它凹凸残破的叶面。渐渐我似乎感到了它的美丽。一阵风吹过，落叶如蝴蝶一般打着旋儿飘走了，我忙尾随其后，想看个究竟——它居然飞舞着飘向那盘虬卧龙的树根，似乎为我画了个大大的箭头。

啊！我终于醒悟了。树叶虽然生命短暂，但是它却不忘母体，在自己生命结束前的最后一刻，让自己的身体化为养料去呵护母体，而第二年的一树茂盛，则恰是它生命的延续。

多伟大的生命！多智慧的生命！这正是"落红不是无情物，化作春泥更护花"的精神所在啊！

风吹过，千万片落叶在夕阳的照射下发着五彩的光，旋着美丽的弧线无悔地落下。它们所要去的地方，正是那曾为它们源源不断提供养料的树根。这就是值得我们欣赏的生命，值得我们赞颂的生命！

此刻，在这平凡的生命中，我学会了感恩。而世上值得我们感恩的事物有很多，我们要尽自己最大的努力回报他们。而在这里，树叶为我诠释了这个生命的真谛。原来，生活处处有语文，是否能够发现它们，就要看看我们有没有一双善于发现的眼睛。

其实生活中语文还有很多：太阳花告诉我们要有坚强的毅力；莲花告诉我们要"出淤泥而不染"；梅花告诉我们要有坚贞的气节……

一切一切，都让我学到了语文，此时，在我眼里，语文已不再乏味……

永远的执着

张文博

闻着书中淡淡的墨香，与主人公一起遨游，我乐在其中——这便是我与文学相处的感受。

小时候，一本《安徒生童话》就是我的最爱。每个夜晚，妈妈都会为我读上一篇，我便会带着极大的满足，进入甜美的梦乡。

长大了，我更是与书难舍难分，读着一段段或喜或忧，亦歌亦愁的文字，我的心也随着人物的感受时而高亢，时而悲伤。

在一篇篇优美的散文中，我感受到江南水乡的柔美；看到大草原"风吹草低见牛羊"的辽阔；欣赏到苏州园林的诗情画意……

在一篇篇短小精悍的故事中，我看到了人世间的真、善、美与假、丑、恶……每每欣赏完一篇文学作品，我就感觉自己像个充满空气的气球，精神得到了满足，心灵也找到了归宿。

渐渐地，我又喜欢用语言来表达自己的思想，写作就是我表达的方式。我被文学语言的魅力所吸引，当我思如泉涌时，极想畅快淋漓地将自己的内心情感表达出来，那种种委屈，幽幽哀怨，丝丝情谊，在我的笔尖汇聚……脆弱而敏感的内心，得到了一种释放后的宁静与安慰。

在我的文学之路上，有苦有乐，苦在学习的过程，乐在最终的结果。在文学旅程中，不需要太多期望，只要永远的执着。

不一样的爱

索　菲

　　我似乎是在对父亲的怨气中长大的，因为他和母亲对我的态度实在有着天壤之别。

　　每当我取得好成绩和荣誉时，母亲总在脸上绽开花朵，透着从里到外的喜悦。尔后忙不迭地奔向厨房，尽显十八般厨艺，犒劳她的宝贝女儿。跟人聊天时也对我赞不绝口，看那架势，不把我夸晕誓不罢休。生性沉默的父亲却大相径庭，对我的成绩熟视无睹，偶尔夸一句也显得十分勉强。有一次，听他和母亲讨论赏识教育的问题，他的立场旗帜鲜明——不指出孩子的真实错误，一味地褒扬，换来的必是失败的苦果。

　　记得那一天，我拿一篇得意的作文请他"指教"，不料却迎来一盆凉水，"文风华丽并不是错，但那需要长期积累和运用。你看你自己，作文水平越来越退步，随便翻翻那些辞藻优雅别致的满分作文，就自以为是地拿出来照猫画虎。你把二年级的文章翻出来看看，都比这强。小时候的文章，字里行间都是真诚。而现在，轻浮而做作，书写也变得越来越糟糕。长此以往，你会无药可救的！"

趴在床边，泪水浸湿了被单，这样一个雷雨交加的傍晚，一切属于我的欣喜都被父亲轻描淡写的几句话冲刷得一干二净。可是，失落又能怎样呢？父亲从未顾忌过被他所"虐杀"的受伤者的感受。那夜，岁月默默刻下了这样一幅画面：黑寂的小屋中，一个断肠的人。

我对父亲的怨恨一直保持到看过那篇文章后。

巴德·舒尔伯格先生小时候也曾创作过诗篇，母亲也是一如既往地赞扬他是如何的伟大，而他的父亲是一名诗歌、剧本创作人，却总是以极高的要求"为难"他，年少的他也曾对父亲恨之入骨，直到成年后才发现父亲的批评在他的成长中起着举足轻重的作用。文末他感叹道：母亲的"精彩极了"与父亲的"糟糕透了"是他生命中的两股风，他驾驶着生活的小船在通往成功的河流上前行，这两股风使他的船平衡和稳健地航行，使他不至于因为"精彩极了"而翻船，或因为"糟糕透了"而搁浅。

释然与感激充盈了我的心扉。

或许，父爱不如母爱那般低回婉转或热烈奔放，而是以另一种形式见证我们的成长。或许我们有时会感激母亲的哺育之恩，但父亲给予我们的精神食粮却值得永远铭记。当我们已不再年少，在一个风轻云淡的下午回忆那些陈年旧事，忆起的除了母亲的容颜，当然也能无比清晰地记起父亲冷峻的面庞、犀利的话语，曾给予我们最重要的生命启示，以及现已不复存在的幼时的怨恨。一种别样的爱，深沉地伴随我们以从容的步履走过岁月，走过人生。

张家界游记

王淑娴

　　曾看过一篇描写张家界的文章，赞美张家界有泰山之雄、华山之险、黄山之美、桂林之秀，称颂迷人的张家界是名副其实的人间仙境。但张家界真的如此吗？怀揣着半信半疑的心态和无比的憧憬，暑假期间我和妈妈等一行人来到了张家界。

　　"不上黄石寨，枉到张家界。"我们在张家界登上的第一座山就是黄石寨，黄石寨虽不算太险，骇人的是它有三千多级的石阶曲折而上，深入云间。我们登一阵，歇一会儿，一段一段地往上爬，直累得气喘吁吁，腰酸腿痛。经过好长一段时间，大约中午时分，终于登上了美丽的黄石寨。说真的，攀爬时，我累得实在抬不动脚，真想把手都用上。原来，做什么事情都不是那么容易的！上黄石寨的途中景点很多，有"雄狮回首""定海神针""母鹰喂子"等等。其中以"定海神针"最为壮观。那是一根浑然天成的石柱，拔地而起，高耸入云，独峙群山中，上面覆盖着郁郁葱葱的密林，好似孙悟空长期未用的金箍棒，锈迹斑斑，真是鬼斧神工！登上黄石寨，有不少观景台。有一观景台名曰摘星台，建于绝壁处。游客在护栏内观景，护栏外就是万丈深渊，不由让人胆战心惊。站在台上远望，正前方是连绵起伏的群峰，它们如雨后春笋，破土而出，鳞次栉比；又似十八罗汉，形态各异。山顶云雾缭绕，看上去朦朦胧胧，像蒙着面纱的含羞少女，不肯露面；又似一架屏风，竖于这天地之间。左边一座山峰巍然屹立，宛如一个巨人为这仙境把守门户。右边则山势险峻，层峦叠翠，犹如一方美玉，熠熠生辉。那远山在天地交汇处，若隐若现，酷似一幅淡墨山水画。

从黄石寨下来，我们又走向金鞭溪。金鞭溪的水奔腾不息，清澈见底，大有不到大海终不止的味道。因水流湍急，金鞭溪的水面似老人脸上的皱纹，高低起伏，一深一浅，把水面折射得晶莹透亮，犹如光彩夺目的钻石。金鞭溪曾是《西游记》的外景拍摄地，所以溪边的四座山峰也以唐僧师徒命名。乍看之下，还真有神似之处。金鞭溪边有许多景点，像"劈山救母""双龟峰""仙人峰"等，最著名的要属"金鞭岩"。那是一根指向苍穹的金鞭，刚劲有力，棱角分明，仿佛要替天行道。在这黄昏时分，落日的余晖给它镀上了一圈金边，显得格外庄严美丽。天

心中盛满欢喜

色渐渐暗下来了，此时的山中好静，静得只听见溪水在流淌，一切都融入了暮色之中，群山也似乎睡着了……

　　"远芳侵古道，晴翠接荒城。又送王孙去，萋萋满别情。"我轻吟着白居易的诗句，心中满是"萋萋"别情。我最后又望了望那静寂的山峦，它们此刻都默然了，无语地望着我，似乎不愿我离去。张家界的夕晖洒在山上，洒在树梢上，也恋恋不舍地洒在我身上……

阳光的声音

阳光的声音

刘思佳

你能听见阳光的声音吗？

春天，阳光的声音是最丰富多彩的，即使那是并不强烈的声音。低低絮语才是春赠给阳光的旋律。

如果你能听见阳光的声音，那么请用心去聆听，这世上最美的声音。

阳光把声音变成种子，播撒在春的泥土里，于是各种小草开始回应：他们透过潮湿的泥土，迫不及待地钻出了小脑袋，不断地从阳光的音符里获取动力，然后把泛白的身躯补充成嫩得滴水的绿，他们成长着，他们交谈着。

阳光把声音变成长笛，变成动听的韵律唤醒花木，于是花木开始回应：柳树率先抽出嫩芽，把长长的绿发垂到湖面梳妆；迎春花自然不甘示弱，奋力收集阳光的声音，一个个小花苞早已被花蕊顶破，绽放出浅黄的小花，虽无怒人芳香，却也惹来蜜蜂把头钻进花房；有些玉兰树才结着花苞，有的却也已经开出一朵朵巴掌大的乳白色的花，散发出淡淡香味，自然引来了蜂蝶。谁说愈高贵的花愈没有香味呢？这白玉兰散发出来的香味在几米之外就能闻到，却让人情不自禁地把它与"高贵"联系在一起。

阳光把声音投洒在湖里，与湖水一同流淌着走向了水底的小鱼和细藻。看呀，他们何其快活：鱼儿舞蹈着睡了一冬的身躯，以此来回应阳光，那粼粼微波是不是他们的杰作？水藻们也接收到了阳光的呼唤，水面上一个个小泡泡就是它们生命的影迹。

阳光还把声音萦绕在有心人的耳朵里，分散到山川湖泊、蓝天白云，回荡在天地之间。

如果你能听见，阳光的声音……

校运动会上显身手

丁怡恬

金秋十月，天高气爽，我们张家港市常青藤中学的校运会如期举行。

"强身健体，立志成才！顽强拼搏，超越极限！看我十一，永争第一！"

在这雄壮有力的口号声中，身着崭新橙色班服的正是我们班的同学，排着整齐的队伍，迈着矫健的步伐，气宇轩昂地进入了学校大操场，顿时吸引了全校师生的目光，成为众人最关注的焦点。橙色，这是一种融合了热情和活力的颜色，它很容易让人联想到金色的秋天、丰硕的果实，所以也就理所当然地引人瞩目。

紧张的比赛很快就拉开了帷幕，运动员们跃跃欲试摩拳擦掌，与对手展开了激烈的角逐，尽情地展现着青春的活力和体育的魅力。而那一个个活跃灵动的橙色身影，更是成了赛场上一道道最靓丽的风景。

瞧，我们班的"小不点儿"正站在百米赛道的起跑线上，尽管她个子不高，体格不壮，看上去不显山不露水的，但发令枪声一响，她就像一头猎豹飞奔向前。她步频奇快，速度惊人，刚过半程就开始了一次又一次的超越。过了九十米之后，她终于将所有的选手都甩在了身后，一马当先冲向了终点。

看，我们班有着"小飞燕"美称的那位女同学开始跳高了，她先是不慌不忙地将身子稍稍往下蹲了一蹲，随后才开始轻快有力、越来越快的助跑。到了杆前，只见她迅速腾空而起，两腿像剪刀似的飞速一夹，在一个优美漂亮的转身之后，就当真像小飞燕似的轻轻飞了过去，当即赢得了满场的喝彩声。

在三十乘五十米的赛道上，我们班的运动员使出了浑身解数，一个个如离弦的箭，如脱缰的马，奋力地向前，向前！经过一次又一次的顺利交接，一番又一番的成功赶超之后，我们班终于夺得了又一个第一。欢呼声，尖叫声，鼓掌声，此起彼伏，震耳欲聋；兴奋、激动、自豪，在我们班每一个同学的脸上荡漾开来。

在四乘一百米的接力比赛中，我们班虽然只有八位同学参加了男女组的比赛，但这可真是两场牵动着我们全班同学神经的激动人心的赛事。赛场上，运动员们个个如蛟龙出水，人人如猛虎下山，各自拿出了看家本领；赛场外，全班四十名同学起立振臂，呐喊助威，加油声响彻云霄。场外群情激动的啦啦队，使赛场上的运动员更加斗志昂扬，潜力迸发，很快我们班男女运动员又各获了一枚金牌。

在个人项目的比赛中，我们班一次又一次地摘金夺银。在团体项目的比赛中，我们班也拿到了三个第一。是什么让我们挥汗如雨而不歇？是什么让我们拼尽全力而不悔？是信念，是"看我十一，永争第一"的信念，支撑我们七年级十一班的同学鼓起了奋勇前进的风帆，激励我们班的同学汇聚了团结拼搏的力量，使我们得以在这一届学校运动会上一展雄风，大显身手。

聆　听

朱寒菲

　　双休日，一个人静静地躺在床上，总能听到隔壁传来的钢琴声，悠扬生动。疲惫的身体像是揉皱的纸被再次展平，一种难以言说的惬意由心头滋生，向周身扩散……有时候，我们需要学会静静聆听，那是困倦之后放松自己的一种极好方式。

　　其实，周围的一切每时每刻都在以自己的方式演奏着不一样的乐曲，只要你愿意聆听便能听见——春雨过后嫩草萌发的声音，夏阳里树木蓬勃生长的声音，秋风中百草凋零的声音，冬日午后温暖的阳光掉落在地上的声音……或许那些声音并不真正存在，但是只要你愿意听，用心听，不就有了吗？世间万物，无论什么都或多或少会在每个人心里留下些许的痕迹。即使是那些极其微小的东西，也会像一滴水滴入水面似的在你的心底荡起层层涟漪，留下一串串清脆的声响。

不仅要留心我们的周围，有时我们也该学会聆听自己。我们其实并不完全了解自己，或者说我们并没有自己所想象的那样了解自己。盯着镜子里的自己久了也会觉得镜子里的那个人陌生，更何况那不同于双目可及的外表，而是处在更隐蔽处的内心呢？所以，我们更需要聆听自己。

偶尔静下心来，全身心地放松，细细地聆听自己内心深处的声音，慢慢地回想自己做过的事，客观地检查，这时往往才能发现自己还存在着不足。没有人生下来就是完美的，只有在经历了磨难和自我修复之后，你才能一步步向着正确的目标迈进。聆听自己，了解自己，进而完善自己。

爱上一座城

张明涵

不必惊叹她的美丽，也不必惊叹她的典雅，更不必惊叹她的繁华，因为，她是古城大理。如果你累了，就去大理歇一歇吧。当你看到一幢幢具有白族特色的白色房屋错落有致地靠在山旁，当你看到仿佛触手可及的蓝天白云，你会同我一样爱上这座名为"大理"的城市。

带着无限的向往，我与家人自驾车从昆明向大理出发。当车子驶入大理境内时，我沉醉在美景之中：抬眼望去，天空的白云仿佛可在我高举的五指间飘移；山峰直入云霄，仿佛一根擎天柱。再往近看，咦！山怎么成了绿色的？原来是各种树草把山染绿了；一块块的梯田，将山围绕着，装点着，为大地织了一件美丽的衣服，当然，那漂亮的具有白族特色的白房子便成了这件"衣服"上的花朵。

一路看着，不知不觉来到了客栈，客栈是白族人家的小楼，有别样的安静和温馨。在这里登楼远眺，仿佛置身于世外桃源，让人身心放松，惬意万分，沿途的困乏顿时全无。

放下行李，我与家人迫不及待地奔向大理古城区。漫步在城区，会给人带来与城外截然不同的感觉。这里是繁华的，身着五彩缤纷服饰的行人熙熙攘攘，具有民族特色的店铺一家连着一家，随处可见的民族小吃散发着诱人的香味。欣赏着琳琅满目的各色民族饰品，与带着本地口音的白族同胞聊天，再挑上几件回去与伙伴分享，岂不美哉，乐哉……

大理犹如优雅的大家闺秀，温婉、静谧；又如灵动的小家碧玉，活泼、热情。陶醉在大理特有的气息中，心中无限依恋。一天的时间，如果可以使你爱上一座城，毋庸置疑，非大理莫属。

童 年 雪 趣

李庆泰

　　我成长在美丽的花城，花城的冬天没有雪。但是，在老家，童年的我邂逅了雪，与她结了一段美丽的缘。

　　我八岁那年，一家人回湖北老家过春节。快到家门口的时候，天空飘起了雪花，"下雪了，下雪了。"第一次看见雪花的我，好兴奋啊！洁白的雪花落在掌心，即刻就不见了，只留下冰凉的水痕。

　　第二天一大早，窗口一透亮，我和堂姐就迫不及待地冲出大门。只见大地白茫茫一片，厚厚的积雪，踩上去，吱吱作响，留下一串串活泼的脚印。光秃秃的树不见了，眼前一片玉树琼枝。最可乐的是高高的电线上，悬着一排排密密齐整的小冰柱，像可爱的音符，煞是好看。

　　吃完早饭，表姐也赶来了。她组织我们开赛诗会，背诵与雪有关的诗词，输者做靶子等待挨打。表姐先诵"六片七片八九片，飞入芦花都不见"。我接着念"白雪却嫌春色晚，故穿庭树作飞花"。堂姐赶快背"洛阳亲友如相问，一片冰心在玉壶"。我抢着接"孤舟蓑笠翁，独钓寒江雪"……

最后，虽然我赢了，但堂姐和表姐都不讲信用，一个个雪团还是直向我扑来，在我前后左右飞舞。我拿出武林高手的架势，腾挪躲闪，仍被命中不少。偶尔偷袭成功一次，换来的是她俩更凌厉的进攻。我越战越勇，愈挫愈奋。她俩更是得寸进尺，步步紧逼。眼看包围圈越缩越小，我赶忙跳出重围，大叫休战。

不经意间，爸爸早已拿出相机，不断抓拍我们三人戏雪的精彩镜头。

妈妈则一会儿拿出一大块红绸布，一会儿展开一大块天蓝色绸布，跑到我们姐弟三人的身后，不辞辛劳地给我们当背景。

相片洗出来了，那雪景，真美啊！原来杂乱的背景，因为妈妈的"操作"，变成纯纯的红色或天蓝色，越发衬托出雪的洁白无瑕，冰的晶莹剔透。

翻阅着这一张张相片，我看到了我们纯真的笑脸，童年的欢乐，都凝成永恒！

当 阳 之 美

徐新桥

当阳之美，美在玉泉。

看天下寺庙大同小异，就是当阳玉泉寺那堪称"玉泉三绝"的隋代铁镬、唐代吴道子石刻观音像、北宋铁塔，似乎也没什么特别，而唯独登玉泉山却特有味道，别有情趣。

初冬一大早，墨色尚未化开，迷迷糊糊的雾气从温润的珍珠泉飘来，如入仙境。前山始登，两旁的原始紫薇错落山坡，黄白树干似在扭动。猛然抬头，发现已有僧人健步在上。

那石阶先是很陡，到了约七百级，就顺着山势平缓，好让人稍事喘息，再到约一千二百级就化石为土了。石阶的急迫和舒缓，差不多暗合了0.618的黄金分割。石阶穷尽的土路，或是爬满松软的野草，或是铺满秋来的落叶。千人踩万人踏，草茎泛白，枯叶细碎。

半个多钟头，我们从山脚到达山顶。同行的老护林队员领我们攀上一丈多高的瞭望塔平台。但见一轮旭日喷薄而出，万点群山白云缥缈，霞光万道，紫气东来。我们驻足良久，看云山浪海，脑海王安石《登飞来峰》的意境再现眼前，情不自禁地念道："不畏浮云遮望眼，只缘身在最高层。"

当阳之美，美在关公。

关羽之身长卧当阳关陵，而显圣之地在玉泉寺。谒关陵，大门口有二龙戏珠石刻。我见龙为四爪，不像通常所见五爪六爪，问其奥秘。资深导游则一本正经告诉我，这象征着关羽是封帝，不是真的坐了帝位，相当于享受帝者的待遇。

当阳之美，美在丹霞。

提起丹霞地貌和古岩屋，若论壮观，有湖南崀山、广东丹霞山之类丹霞地貌，入了"世界自然遗产目录"；如谈神秘，国内外岩屋不少分布。然丹霞地貌与岩屋群二者结合，且岩屋数量多达两千余座的，唯当阳沮河两岸。

这里起伏的万山不高不低，一个个犹如赭红色的元宝。这种福宝山既没有凶险无比的刀削斧劈，湿气弥漫，又不像平原湖区缺乏变化与力度，瘴气沼生。它地质结构稳定，通透性和扩散性很好，宜居而延寿。我想，邻居钟祥市加入了中国三大长寿之乡的行列，应该与这同类地形地貌不无关系。

划船，搭梯，送你进入半山腰的当阳丹霞岩屋，你就开始了或返璞归真，或沉思默想，或聚气练功的心灵之旅。岩屋门刚好过人，屋里豁然开朗，有若干房间，甚至有楼上楼下。恒温干燥，就像天然空调。不过，没有电视、电脑、沙发，只有一部特殊的对讲机。服务生只有听到你的召唤，才为你服务，搭梯送来地方特色的干粮饮品，取走垃圾。这是一个喧嚣的社会，需要哪怕一天或三日的宁静。在蜡烛或煤油灯的微光下，你席地而坐，静心阅读。眼睛疲劳了，环顾家徒四壁，放下书本，开始打坐，自我反省。

顺着河谷再往前走，丹霞山北有一个鬼谷洞，纵横家的鼻祖鬼谷子曾在此隐居，鬼谷子著有《鬼谷子》及《本经阴符七术》。鬼谷洞左前侧的小山谷，号称南方"潘家园"的王家园，陶瓷交易的喧嚣隐隐传来。收藏市场的入口是一个高2.75米、径宽3.3米酷肖青花瓷的大罐，鬼谷子下山的纹饰呈色浓艳，画面饱满，描述了鬼谷子应齐国使节苏代请求，下山搭救陷阵燕国的名将孙膑和独孤陈的故事。虎豹拉车，鬼谷子端坐，神态自若。两个步卒持长矛开道，骑将手擎"鬼谷"战旗在前，苏代骑马殿后，皆活灵活现。山色树石衬托氛围，浑然一体。

再往东走，"中国画基地"万尊石膏塑像漫山遍野，均出自名家大师之手，一个个栩栩如生。全国各地美院、建筑学院的不少老师学生在这里写生。当阳既是"石膏之乡"，矿藏储量十亿吨，居亚洲之冠；当阳又是"书画之乡"，"两乡"特色与文化旅游完美融合。

当阳之美，美在山水人文，美不胜收。

过　桥

郑新月

　　看过《三国演义》的同学们，一定知道张飞吼断当阳桥的情节吧。如今这座雄伟的当阳桥，早已经旧貌换新颜了。

　　今天正是农历的正月十五，我和弟弟一起相约当阳桥，去体验"过桥"的乐趣。每逢元宵节，在我们当阳，按照乡俗人们都是要去过桥的。当阳人坚信只要过了桥，就能在新的一年中腰不酸、头不疼、祛病消灾，逢凶化吉，还能够实现所有美好的心愿。所以每年的这天，当阳所有的桥都会人山人海，而其中最最有名的当阳桥就更是让人们"举步维艰"了。

　　此时此地，我们真切地感受到了"寸步难行"的滋味。我和弟弟慢慢地蠕动着身体，一点一点地向前移动，好不容易才挪到桥的中点位置。我从口袋里掏出两枚带着体温的硬币，递给身边的弟弟一枚。我们学着周围人的模样，将硬币捧在手心，许下愿望，再抛入沮河中。真希望这两枚硬币能帮助我和弟弟实现美好的愿望。

夜幕降临，华灯初上。桥上的行人有增无减，大家都到这桥上来寻找幸运。孔明灯带着人们灿烂的梦想，与夜空遥远的星星融为一体，熠熠发光；调皮的孩子们举着焰火筒，"吱吱——嘭！"礼花绽放着绚丽的花束，照亮了梦幻般的天上人间。

夜深人不静。桥上人流如织，夜空流光溢彩，桥下清流欢唱。此时的当阳桥就像一架巨大的钢琴，而我就是这架钢琴上一个跳动的音符。每一次跳动，就会奏一个美妙的乐音，和其他的音符汇成了动听的乐章。

正月十五过当阳桥，与人群相伴，与明月随行。在桥的那端，一定是美好的未来！

亲爱的朋友，欢迎你来当阳，请别忘了一定要来"过桥"哦！

阳光下的当阳

段艺桐

我爱这小小的古城——当阳。

传说，当阳者，含艳阳当头、如日中天之意。而在我看来，它或许不愿那么炙手可热，不愿那么光辉夺目，它只愿做一座诗意、古朴、温情的小城。

当阳是诗意的。推开铜绿斑斑的大门，触摸黛色的残壁，心中便涌起了浓浓禅意。漫步在当阳玉泉寺的古道，心中就是这般宁静、空灵。山边的青山翠竹中，有精灵欢快的呼声，你是否感受到了"鸟鸣山更幽，蝉噪林愈静"的境地？一眼不息的珍珠泉，从古流到今，在它的心中是否早已有了评定：逝者如斯夫，不舍昼夜。看池上云雾缭绕，池水仿佛龙眼，生生不息。珍珠泉流淌了千年，就如这小小的古城，自有它的温度，它的法则。

当阳是古朴的。静观这个城市，在各种现代化元素中庆幸它依然保留了遥远的遗风，像千年不散的祥云罩在城市上空。我曾在雄伟的赵子龙塑像前眺望，回想英雄在长坂坡以一当百的神勇；我曾在玉泉寺的古道上聆听关羽不甘的呼声，他向我倾诉，我为他叹息，仿佛穿越千年终于觅得了知音；我曾在娘娘庙里徘徊，感叹她为保阿斗奋勇一跃的无奈。在这片土地上，曾洒下了他们的血泪，镌刻着他们的不朽。在每一个当阳人心中都会埋下忠义的种子，千年前的执着早已发酵成为亘古的精神。

当阳是温情的。走在当阳的大街小巷，你会看到一幅幅这样的画面：阳光下面带笑容的老人们聚在一起，谈天说地。就在他们的不远处，有一只黑猫正打着呼噜酣睡在一位老奶奶的怀里。摇摇椅上的老奶奶笑靥如花，阳光绕着她花白的发髻，攀上跳下，像调皮的猴子荡着柔软的藤条。此时的阳光，被发酵成了最醇香的酒。人们被这小城的温润和深深的宁静拥抱着。

当阳本身是阳光的、温暖的。那么，当阳遇见"阳光"，就成了一种温暖的释放。这种释放滋润着一代又一代的当阳人，生生不息，直到永远。

我 的 梦 想

韦可欣

生活因有梦想而精彩，我的青春因有梦而灵动。

小时候，我贪婪地舔着巧克力，梦想开一个大大的糖果厂；长大些，又憧憬着成为举世闻名、造福人类的科学家。而迈进青春的门槛后，我才真切、坚定地确定了我的梦想，那就是成为一名记者。

或许你在想：记者有什么好？四处奔波劳碌，辛苦撰稿，却只能生活在幕后。没有闪光灯，没有鲜花，没有掌声，默默无闻。但正因为如此，我才梦想成为记者！

是的，我曾经也梦想过成为明星，光彩照人地站在偌大的舞台上享受众人的艳羡。而当我真正理解了青春的真谛，我为自己的肤浅而羞愧，而对记者职业肃然起敬。

我懂了：青春的美丽在于奉献，而不在于张扬。

地震中，是记者顶着余震，为我们传来最新消息；

雪地里，是记者忍着严寒，去为我们探访最新情况；战火中，是记者冒着危险，去为我们传递局势的变化……记者总会把自己的生死置之度外，真实、及时、准确地让人们与世界各地贴得更近，看得更清。

记者的笔是枪杆，毫不留情地抨击社会阴暗面；记者的笔是鲜花，热情洋溢地宣传感人肺腑的先进事迹；记者的笔是扬声器，及时准确地传递着民意，呼唤着和谐。我爱记者的实事求是；我爱记者的爱憎分明；我爱记者的无私奉献……

我爱与人交流，我爱舞文弄墨，我爱伸张正义，我爱无私奉献，我的梦想就非记者莫属了！这是一个平凡而美丽的梦，但"梦想永远跟眼泪和汗水是在一起的，假如梦想离开了汗水和眼泪，那就变成乱想，变成空想"。是的，"路上春色正好，天上太阳正晴"。我正在努力把当一名记者的梦想变成现实。

快乐"进行时"

罗金坤

校园生活压力虽大，但是我不怕。虽说分身无术，然而我神通广大，在单调乏味的"三点一线"的生活中，依然过得优哉游哉，不亦乐乎！

巧 夺 菜 肴

当我气喘吁吁地跑到食堂时，发现已经没有菜了。没办法，我只好一声不吭地吃着干饭。我无味地咽下一口饭后，忽然心头一亮，跑到一位仁兄左后部，拍了拍他的右肩。趁他转过头去的当儿，迅速偷了点菜，而后逃之夭夭。在"行窃"几次后，我终于艰难地把这顿饭给吃完了。不过正当我开心地走向教室时，发现刚才那几位仁兄黑塔般挡住了我的去路，一个个虎视眈眈。我只得独自悲叹：唉，如果不是前两天没吃好饭，我怎能厚着脸皮去做这种事情，现在又要当"人肉沙包"了。我灵机一动，向他们大喊一声："刘校长来了！"然后趁他们愣神的当儿，一路狂奔，逃向教室。今日若不用诡计，我可又要糗大了！

大显身手

校园生活中最有趣的要数下晚自习后那一段时间了！

查寝的老师还未到，大伙儿这时最开心了！你唱一句，我吼一通，唱之不足，还舞之蹈之，有时甚至还举行武林大会，各位室友登台献艺，各显神通。只见一位同学的"迷踪拳"打得有板有眼，另一位仁兄"降龙十八掌"更是虎虎生威。不过这些都敌不过我们的武林霸主——室长的"狮吼功"："快给我睡觉！"只见室友们一个个甘拜下风，纷纷倒下。我在心中暗猜：难道这就是失传已久的盖世神功？我明日一定要讨教讨教，看看究竟谁最厉害！

走在校园的小路上，我收获了最美的记忆：有在教室与同学斗嘴的快乐；有在食堂"行窃"的刺激；有在寝室切磋的兴奋。不经意间，快乐充满我的心房，温暖绵软的感觉油然而生，让我久久不能忘怀。

一　只　猫

常林茜

　　太阳偏西，我走在回家的路上，看见一只猫，在努力向上爬行。

　　它原本雪白的身子像蒙上一层灰尘，稍有突出的小腹显示着它曾经"优越"。四肢修长，一条尾巴无力地垂在地上，仿佛已经奄奄一息了。它低着头，但眼睛里闪烁着坚毅的光芒：紧紧盯着用土和砖头垒的"小丘"。

　　原来上面有只死鱼。

　　它应该饿了很多天了吧，我想。它前爪搭在地上，后腿使劲儿蹬，前腿一松，后腿紧跟着高高跃起，用它并不优美的身姿划出了一个狼狈的抛物线。"啪！"它的身体又一次撞在"山丘"上。它四脚朝天地仰卧在地上，一个打挺，再来！它又昂起了头，斗志满满。它再一次跃起，但又失败了。此时，太阳已经落山了。它眼神黯淡下去，似乎放弃了，在周围打转，慢慢向远方走去。

哼！就这么放弃了？我嘲笑地看了一眼那只猫，它似乎被困境锁住了手脚，就这样离开了梦寐以求的"满汉全席"。

我也要离开了，转身。突然，我发现那只猫又回来了，尾巴不再无力，而是高高地竖起，像一把刚刚出鞘的弯刀！它再一次跃起，滑下，两次，三次，四次……它依旧向目标努力着。路灯散发着懒懒散散的光，摊在地上，似乎看得都累了。终于，它发出一声凄厉的长嘶，高高地跃起，紧紧地趴在"小丘"上，一纵，上去了！尽管它早已满身尘土，狼狈不堪，但在我眼里却像一个"王者"，一个百战沙场、血战归来的英雄！

在这个慵懒的黄昏中，我感受着一只卑微的野猫带给我心灵的震撼，然后，迎着如血残阳，大步走去……

衣服·幸福

叶颍楠

星期二是外公的生日，可那天我在学校，不能回家。所以，我和妈妈商量这个周日中午给外公提前过生日。

饭桌上我拿起茶杯敬外公，"外公，过两天您生日，外孙女先敬您一杯，生日快乐！祝您身体健康，长命百岁！"我既调皮又认真地说。

外公急忙放下筷子，端起茶杯与我一饮而尽，并开怀大笑，"好！好！也希望你越来越聪明！"当时的外公笑得像是一个成熟的石榴，急着咧开大嘴巴，向人们展示他那饱满的牙齿（尽管是假牙）。

我从未给外公送上生日礼物，这一年，我送上了，悄悄地送上了。在他们吃完饭要走时，我把袋了递给了外公，他没有注意。我想外公发现后一定很开心。果然不出我所料，外公的电话来了。

"喂，外公……"我甜甜地叫着。

"楠楠啊，你落了一件衣服在我这儿，有空回来拿。"外公显然不知道这是一份礼物。

"哈哈……外公，那是我送您的生日礼物。"我笑着说。

"你送我的？哈哈，真好看啊。"外公在电话的另一头惊喜地大笑着。

"外公，待会儿记得试一试，看看合不合适。"

"哪用试啊，合适合适！哈哈……"外公高兴地说着。

这是我第一次如此强烈地感受到外公的喜悦。如果说母爱如水、父爱如山，那么外公的爱就如土壤，无时无刻不给我这株花苗提供着养分。欣喜之余，我也惭愧着，为什么现在才送礼物给外公？我心里不禁有点儿酸酸的。

电话另一头的外公正沉浸在亲情的幸福中，我把电话放在耳旁，听着外公爽朗的笑声，听他向外婆夸耀着，"看，这是外孙女送我的衣服多好看，别嫉妒，下一次你生日我叫她送你一条裙子。"

"你行了吧！外面那么热，小心中暑啊你！"那是外婆的声音。

"哪里会呢？我就是喜欢晒太阳，健康啊！"……

声音不大，但很清晰，真是两个可爱的老顽童。

让自己幸福，让身边的人幸福，只需一句简简单单的问候，只需一件普普通通的衣服。

捧在手心的挚爱

李玉刚

捧着手中的挚爱，翻开一页，那淡淡的书香带我领略古今中外一个个绚丽多彩的传奇故事……

我与吴承恩一起，看唐僧师徒四人沿途降妖伏魔，历经九九八十一难，到达西天，取得真经，修成正果。我沉醉于书中那离奇有趣的故事情节、生动丰满的人物形象，其中会七十二变的孙悟空，一路上降妖除怪，屡建奇功，让我感叹。

和冰心奶奶拾起美好的记忆。她清新明丽、俊秀含蓄的小诗，有如春日的阳光。细细品读，就像欣赏鲜花盛开，陶冶了我的情操，让我领悟到了"爱的哲学"。

我同奥斯特洛夫斯基经历那战火连连的时代，看身残志坚的青年保尔为理想而献身。字里行间，洋溢着青春的活力和革命的激情，让我学会用正确的心态面对人生的磨难，用钢铁般的意志迎接生活的各种挑战。

合上手心的挚爱，窗台的雏菊随风摇曳，轻轻地闭上双眼，真享受这种读完书后的心灵明净、大彻大悟。

大 玉 米

闫正建

"礼貌有什么用呢？讲不讲礼貌我觉得没多大用处啊。"因为家人的溺爱，他不知道讲礼貌的重要性。

走进校园，他野蛮霸道的性格令人讨厌。那次只不过是无意地轻轻一撞，"对不起，对不起……"柔弱的小女生羞涩地低着头连忙道歉，脸蛋泛着红。

"哼，你有什么资格说对不起。你根本就是没长眼睛。"他厉害地说着。"我都向你道歉了，你怎么这样说话。"小女生气愤地离去，而他却得意笑了一下，"瞧，讲礼貌能怎样？"

渐渐地，他发现同学们都疏远他了。他每天生活在一个人的世界，没有人说话，没有人理他。他失落地想着："为什么大家都远离我，是我做错什么了吗？"

这一天，依然是灰暗的早晨，他骑着车子赶往学校，由于心不在焉，撞上了一位晨练的大爷。大爷摔倒了，他也连车带人翻倒在地。站了起来，他十分恼火，本想痛骂一句，然而还未开口，大爷先说话了："小伙子，我没事，倒是你骑车要慢点儿。"大爷的这句话让他心里一震，他似乎找到了什么。从那天起，他想要试着改变。

第二天早上，大地迎来了第一寸曙光，他早早地起床。整理好书包，来到了学校的饭堂，饭堂里早已人头攒动，他告诉自己："从现在开始一定要微笑，一定要有礼貌。"当快要走到窗口时，他却想退缩了，因为从小到大，从来没有礼貌地和任何人说过话，该怎么做呢？此时一个甜美的声音传到了他的耳朵里，"阿姨好，我要一颗鸡蛋。"原来是一个女孩儿在和服务员说话。"好嘞，小姑娘真有礼貌，奖你一颗大鸡蛋。"打饭阿姨开心地说着。"好的，就像她那样去做。"他告诉自己。他快步走上去，让自己的嘴角努力上扬着，忐忑地用自己从未有过的语气说道："阿姨好，我想要个玉米。"打饭的阿姨笑了笑，然后转身去拿玉米。

不一会儿，阿姨回来了，手上拿着一个香喷喷的大玉米。"来，小伙子，你这么有礼貌，我专门给你挑了个大玉米，拿着。"

他忙感激着说："谢谢阿姨。"

拿着大玉米，闻着香喷喷的味道，他心里激动地想："这大概是我见过的最好最大的玉米了，原来看似复杂的礼貌这么简单啊。大玉米啊大玉米，你是如此的诱人！"

　　他就这样慢慢地改变着，见到每一个同学，他都会微笑，礼貌地打招呼，再有人不小心撞了他，也不会那么蛮横了，而是礼貌地说："没事。"之前失去的朋友也被他礼貌的大磁场吸了回来，他也交了越来越多的好朋友。

　　那天，他在操场上奔跑。风儿那样地急促，但他的脚步那样轻快。累了，便肆无忌惮地躺在草地上，仰望着天空，白云飘飘，它们像是在向他问好。

　　他闭上双眼享受着阳光，"原来天空可以这样湛蓝，阳光这样温暖！"

　　讲礼貌，你收获的也许是他人的微笑，又或者，你会得到一只香气扑鼻的、饱满的大玉米。

百脉泉游记

巩绍东

早就听说过百脉泉的美，今天总算有机会去领略一番了。

百脉泉在章丘的明水镇，虽然从家里出发只有一个小时的路程，但我还是觉得车走得太慢。才到百脉泉国家公园的门口，就闻到了一股泉水的清香。空气是那么新鲜，我贪婪地呼吸着那含着青草和泉水的空气，与在城市中的感觉有着天壤之别。很快你就能听见泉水的声音，哗啦啦！哗啦啦！看，眼前，一道泉水像瀑布一样飞流而下，又似野马狂奔。

来到百脉泉旁边，只见无数小泉眼冒着水泡泡，好像一串珍珠，难怪它又名珍珠泉。墙上，人们用千言万语来形容百脉泉的美，不愧是名泉啊！

走着走着来到了万泉湖畔，成百上千个泉眼冒着水泡，犹如一面明镜，映照着蓝天的纯洁。

轰隆隆，轰隆隆，那边，又传来了水的吼声。我跑过去一看，啊！墨泉！无论天气多么干旱，你总是涛声依旧。墨泉喷起有两尺多高，泉头直径约有一米，有一泉成河的美誉。

前方，是李清照的故居。到处都是绿色，最妙的是，园子里有一处梅花泉。五个泉眼组合在一起，像极了一朵梅花，所以取名梅花泉。旁边还有一眼小泉，水中铺满了鹅卵石。泉水缓缓流过，小石头像是浮在水底，脱去了坚硬的本质，只给人温柔的感觉。水中的石宛如碧玉，所以这泉就叫玉漱泉。"玉漱"，泉以词名，真是文雅极了。

在百脉泉，我体会到了什么是"流连"的滋味。将要离开了，我只有一个念头——什么时候再能见到你呢！

拾起心中的珍珠

叶志敏

信念是鸟，它能在黎明前最黑暗的时刻，感觉到光明，唱出欢歌。

信念是一颗在黑暗中闪光的珍珠，照亮远方的路。但，有些人心中的珍珠被遗落了，黯淡无光。我们都应该拾起这心中的珍珠，高举起它，让它璀璨你的人生！

"我把别人看到的当作我的太阳，把别人听到的当成我的曲子，把别人嘴角的微笑当成我的快乐。"海伦为什么能做到这些，能取得卓越的成绩呢？对，是信念。海伦生活在一个无声无色的世界里，但她坚守自己的信念——我一定会活得精彩、快乐！正因为这样，无论遇到多大的挫折，她都摸着荆棘走过去了。信念的力量真大啊！

"伟大的作品不仅是靠劳动完成，更是靠坚定不移的信念。"这句话说得非常正确。你还记不记得那个伟大的音乐家贝多芬？他热爱音乐，失聪以后对音乐依然是那么的痴迷。他费尽心血，想出用牙齿咬住木棒感受振动的方法来继续创作，谱写了《命运交响曲》等传世之作。支撑他不停创作的是什么？是他坚定的信念！

信念是一轮初升的太阳，给我们希望。

信念是一双梦想的翅膀，替我们拨开云雾。

信念是一座无形的阶梯，送我们迈向成功的巅峰。

信念是我们心中闪闪发光的珍珠，请拾起它，请高举它！

最好不过石家庄

璐佳林

我的故乡和出生地都不在石家庄，只知道是在自己五个月大的时候就被父母带到了石家庄生活，这使我很长时间都认为自己是石家庄人。上幼儿园的时候，老师问小朋友们故乡是哪里的，许多伙伴们都不知道。我跑回家问妈妈，她竟告诉我是山西应县。第二天听了其他同学的回答后，我发现没有几个是本地人。现在想来，石家庄也许本来就是个适合五湖四海的人居住的城市吧。

石家庄有着悠久的历史。赵县的赵州桥、正定的隆兴寺、市郊的毗卢寺以及苍岩山、嶂石岩等风景名胜都记载了她古老的文明。若说石家庄是个纯粹的"小庄庄儿"，那你可说错了。你瞧，金圆大厦、世纪饭店、东方城市广场购物中心以及著名的小商品贸易市场南三条都是现代社会经济发展的产物。你想寻找历史的踪迹、淳朴的民风就到城中村去；你想感受现代气息，请在华灯初上之时沿着中山路前进。

石家庄是个不很大也不太小的城市。在北京，出行时常常因为担心堵车而需要提前几个小时出发。但在石家庄乘坐公交车，即使是交通高峰期，也无须担心为挤上公交车而"头破血流"。我觉得城市太大有时是资源的一种浪费，太小的地方（经济不发达）往往又不能满足人们对生活的需求。从这个角度讲，"中不溜儿"其实是最好的，而石家庄偏偏就占了个"中不溜儿"。

说到一个城市，你一定会想到住在那里的人。许多大都市里的人早已习惯了冷冰冰的生活方式，仿佛他们骨子里生来就有一种让人难以亲近的"傲气"。而在石家庄，即使遇见不熟识的人，你也不会觉得很陌生，因为这座城市是温暖的，这里每个人的心都是热乎乎的。对于初到石家庄的人，无须学习什么风俗习惯，只要是合法合理的事情，你想做什么便做什么，想怎么做便怎么做，丝毫不用担心别人会取笑你。因为居住在这里的人大多也不是本地人，大家都按照自己原来的习惯行事，谁也不干扰谁。

就在去年暑假，我随爸妈在北京小住了一段时间。这期间使我更加发现了石家庄的好：它真是一个普通人安安稳稳、舒舒服服过小日子的最好的地方。

梦游石家庄

冯鑫妍

晚风徐徐地撩开纱帘，让月光悄悄地穿过窗户，洒在被子上，也映在了我的脸上。

这迷人的月色让我心生醉意。恍惚中听到歌声飘来："赵州桥，什么人修，玉石的栏杆什么人留，什么人骑驴桥上走，什么人推车轧了一道沟。赵州桥，鲁班爷修，玉石栏杆圣人留，张果老骑驴桥上走，柴王爷推车碾了一道沟……"这歌声牵引着我，将我带到了另一个地方……

再睁开眼时，参天的杨树屹立在我身旁，茂密的枝叶遮住了天空，只有几缕阳光从缝隙中穿过。一片绿荫中，我看到了一座古朴而又雄伟的桥——赵州桥。

赵州桥距今已有一千三百多年的历史，和四周的景色融合得十分和谐，桥上的石栏石板也雕刻得古朴美观。远远观望，像极了一幅雅致的水墨画。怪不得唐朝的张鷟形容这座桥像"初月出云，长虹饮涧"。

　　游览了令人赞叹的赵州桥，接着就去赵县梨园采摘几个赵州雪梨尝尝鲜吧！这儿的雪梨可不一般哦，汁儿多果肉甜，清凉解渴。不光有美味的鲜梨，还有那鲜榨的雪梨汁、雪梨干等很多品种供你选择，包你大饱口福。

　　我边品味着雪梨的美味边盘算着接下来再去哪里游玩。不知不觉中穿过了一片山林，来到了一个小山村。一进村子，就看到几个大字，"新中国从这里走来"。"哦！"我知道了，这里便是著名的革命圣地——西柏坡。

　　这个光耀中国革命史册的名字，原本是河北平山县一个只有百十来户的普通山村。1947年5月，中共中央工委选定了这里，1948年5月，毛泽东同志率领中共中央、中国人民解放军总部移驻这里，使这个普通的山村成为"解放全中国的最后一个农村指挥所"。我们伟大的党在此组织了震惊中外的三大战役，召开了具有伟大历史意义的七届二中全会。从此，西柏坡以其独特的贡献，彪炳于中国革命史册，竖起一座不朽的历史丰碑。

　　参观了这个激动人心的红色革命圣地，就到了吃晚饭的时间了。突然想起小时候的冬天，爸爸经常带我去吃石门罩火烧，那喷喷的香味儿，腾腾的热气温暖了我的身子，也温暖了我的心。那味道已经好几年没有尝过了，我今天就决定重拾童年的味道。

进了饭店，店伙计热情地招呼我坐下点菜。来一只金凤扒鸡解解馋，这可是石家庄的特产，距今已有一百多年的历史了。我的主食就是石门罩火烧喽，石门罩火烧，选肉讲究，用料严谨，在传统配方的基础上又增加了调补气血的黄芪、枸杞子、红参等中草药，将提味与营养融为一体。火烧筋道有层，软而不烂，再佐以香菜、葱丝、白胡椒、咖喱粉等小料，吃起来别有一番滋味。

"真是大饱口福！"吃饱喝足了，又有些疲乏，就想睡觉了，索性就躺在有"北武当"之称的天桂山的草地上睡上一觉吧。这里有白毛女居住过的山洞，还有载入了吉尼斯世界纪录的为祝贺香港回归在百丈危崖上镌刻的巨大"归"字。

梦已醒，我半眯着眼睛，心想：石家庄不愧被评为幸福感指数最高的城市，感谢石家庄让我有了美的享受！

这个时代，这座城市

戴雨珈

某天夜里，出租车驶过空旷下来的马路，初冬的夜色迷蒙，空气中弥漫着淡淡的烟雾，巨大的古树伸出枝丫把深蓝色的天空分成一格一格的方块。陈旧的公寓，零散的电线杆，大排档里炒菜冒出的白色浓烟，混着夜风，穿过大声笑骂的人群，飘向远方。

车子突然又拐了一个弯，前面是宽阔的灯火通明的马路，明亮的车灯"唰唰"地照过来，可以听见大风呼啸而过的声音。

有一种倏然而至的寂静，人与城市之间的氛围，神秘而捉摸不透地无限延伸。城市从来都不可以用美或不美来定义，它是冷漠的，没有任何温度。

无数的陌生人在这里扎根、栖息、告别、聚集。在不分昼夜的机场里，大量的异乡客在那里匆匆聚集，又匆匆散去，不知所踪。而城市带着冷漠的气质，驱使或接纳他们，像某种神秘的指令，不可违抗。

深夜，出租车疾速驶过黄兴路，夜色中林立着灯火通明的大厦。拐弯的时候，车河流动，灯光闪耀，如同星辰，如此夜景又自有一种空旷感。

即使是这样的时候，它也是一个迷人而坚硬的城市。

童心看世界

夏　夜

翟羽佳

　　星星，蒲扇，萤火虫。

　　黄昏了，夏日的乡村笼罩在一片柔和的青色之中。左邻右舍都走出了家门，常常是一把蒲扇，一张小凳，坐在门口，三三两两地聚在一起，或啜口小酒，或唠唠家常。晚风拂去了白天的最后一丝燥热，抚摩着人们疲惫的身躯。年老者悠闲地用蒲扇驱赶着细小的蚊虫，眼神中透着满足，一直绵延到远处的水田里，今年收成一定大好。栀子花散发着幽幽的清香，几个灰头土脸的孩童，正欣喜地盯着花瓣上的萤火虫出神。莹莹的绿光把他们的脸映衬得格外可爱、纯真。夜深了，墨蓝的天空中，零星有几只亮闪闪的眼睛透过天幕欣赏着这一幕幕剪影般的画面。

　　电视，空调，霓虹灯。

　　黄昏了，夏夜的城市已迫不及待地绽放华灯，街边大大小小的商铺也闪烁起炫目的灯光。居民楼外的空调机高调地轰轰作响，每家每户都在享受着那一片清凉。在宽敞的客厅里，一两个大人正兀自欣赏着电视里上演的一幕幕爱恨情仇。房间里，年少的孩子正独自一人掌控着鼠标，全神贯注地畅游于虚幻的网络世界。午夜了，酒吧、饭店、大街上依然是灯火通明、热闹非凡。每个人的眼里都充满了迷茫和欲望。夏日的城市似乎从来都没有黑夜，这是不是那闪烁的霓虹灯的功劳呢？

霓虹灯下的夏夜，是明媚抑或忧伤，也许只有那几只寻找栖身之地的萤火虫知道。

城 市 之 音

李　绚

音乐是美好的事物，是我们生活中不可缺少的一部分。随着时代的变化，城市的音乐也在变化着。

我生活在一个小县城。从三五岁记事起，我就每天都能听到城市之音。走在街巷中，往往能听到"卖鸡蛋唉——""打醋酱喽——"的叫卖声。去菜市场，总会听到人们因为一两毛钱而争吵的声音。在大街上也能到处听到自行车的"铃铃"声。在我耳朵里、记忆中、心灵里，这些都是淳朴的"小城之音"。

过了几年，大街上渐渐地听不到叫卖声了，取而代之的是一个个小商店。原来的小贩们已经有了自己的新天地，开了自己的商店。几乎每个商店的门口都放着两个粗大的音响，气势宏大，播放的音乐激昂高亢，使人十分振奋的同时，也影响人们休息。菜店里的吵闹声没了，因为人们都用电子秤和计算器。这些"嘀嘀"声使商人们安心，也使顾客放心。街上，"铃铃"声中有时还夹杂着一些三轮车和拖拉机声，城市的声音更丰富了。

而近几年，蔬菜店和水果店都成了连锁超市。店外的大块头音响被各种各样随身携带的音乐播放器、笔记本电脑代替，播放的音乐也只限本店享受，不再会干扰到更大的范围。商店里的"谢谢""再见"也组成了一支亲切动人的"文明之歌"。大街上，自行车、三轮车越来越少了，电动自行车、私家小汽车川流不息，那"嘀嘀"的喇叭声汇成了一支城市高速前进的发展曲。

城市音乐就这样不知不觉地变化着，发展着；它也不知不觉地引领着我们，从封闭走向开放，从落后走向先进，从贫穷走向富有……

爷爷·时光

王锦尧

> 当岁月模糊了记忆，生活里的很多影像支离破碎或慢慢地消失，然而关于他的一切，却愈来愈明晰。
>
> ——题记

每个周五回家，到了门口按过门铃我就默默地等着，等那三声清脆的"叮咚"声穿越渺渺空气进入他的耳朵，这需要一点儿时间。然后，听着他从沙发一步一步挪到门口，这也需要一点儿时间。这似乎已经成为我们之间的一种默契，我放慢呼吸，静静地等，因为我知道，他每次等我的时间是一个星期——比这个等待要长很多。

进门的第一句话一定是："金金，回来啦？""嗯，回来了。"他帮我卸下书包，然后便是一阵长久的沉默。

天微微暗，他轻轻地走到我身边坐下来，我的心忽然猛得一颤，年老的人都会这样吗？身子愈来愈瘦，脚步愈来愈轻，声音愈来愈弱，神情愈来愈迷茫，甚至可以说，人逐渐退为影子。年老的人，都会这样吗？

我一边看电视，一边对爷爷说："其实不必每次都早早地等着给我开门，奶奶又不是不在家。"

他抬起头，不说话，可能是没听见，也可能是没听懂。

我看着他瘦弱的手，看着他的容颜，看着他的眼睛。他的眼神暗淡而迷离，只是偶尔闪出一丝光亮，在浅浅的目光中，我竟分不清那究竟是他年轻时锋芒的余光，还是一层浑浊的泪光。我不想再看他的双眸，于是转头去看电视，可是电视也不能看了——他的眼模糊了我的眼！

模糊中我看见了那时。那时我还小，每次放学他握着校门栅栏的身影总是第一个被我看到。他迎过来，接过我肩上的书包，然后，缓缓地从裤兜里摸出一个烧饼。我捧在手上，暖烘烘的，还带着他的体温，一口咬下去，暖烘烘的味道还在唇齿间徘徊。后来，烧饼吃得厌了，他就每天给我买一根油条。我呢，就吧唧着小嘴，跟在他屁股后头开心地走着。有一次我问："爷爷，你不吃一口么？"他说："你吃吧，爷爷不爱吃油条。""那烧饼呢？""也不爱吃。"再后来，我便一一类推，就知道他不单不爱吃烧饼、油条，还不爱吃烤肠、糖糕、肉夹馍等等。唔，那时的我真是太聪明了。

在晶莹的泪光中，我的心忽然开始一抽一抽地疼痛。眼前的他，如今已辨不清朝夕。听奶奶说昨天爷爷已辨不清家门，错走到了地下室，甚至晚上还走错了卧室。

可是今天早上，他依旧大声地叫醒奶奶，然后轻轻地叩响我的卧室门，"金金，该起床了。"

我一下子明白，他一直在那里，惦记着我的名字，纵使某日他已辨不清我的样子。无论时光怎样流逝，他的温度，永远都同从前一样。我的爷爷，是我在无遮拦天空下的荫蔽啊。

放牧心灵，感悟人生

王富强

我喜欢一个人静静地坐在书桌前，细细地品味那些蕴藏在笔端后的情或理，让那些唯美的文字滋润干涸的心田，感悟人生，体验成长。

在我的成长历程中，有一位睿智的长者对我的文学学习起着不可替代的作用——易中天。最初认识易中天是在《品三国》一书中，看书时忍俊不禁，欲罢不能；看完后又回味无穷，眼界大开。品文学不像写历史：安史之乱的意义有哪些，加速了什么，体现了什么……易中天说："简直就是胡扯，不就是安胖子看老李不爽吗？"他认为，学术完全可以是随笔的、散文的、美文的。这就好比对上帝的赞美，也可以用摇滚乐。上帝不会因为摇滚而不是上帝。因此，易中天讲学的出现使我大大转变了原有的对文学那种敬畏的态度和局限的认识——原来文学应该是鲜活的，不是像八股文那样死板的"文学"。

同样，于丹的《论语》心得也使我获益匪浅。她让我认识了一位链接了多彩世界的别样孔子。思想是广泛的，东西南北，古今中外；主题却是单纯的，单纯到没有色彩，没有性别，没有时间和空间，只有温度。《论语》的真谛，就是告诉大家，怎样才能过上我们心灵需要的那种快乐的生活。通过聆听于丹讲解《论语》，使我知道了世界上的真理永远都是朴素的，大道至简。

记得著名的经济学家郎咸平说过："我想讲百分之百，才能讲明白百分之五十"。那就是说，郎先生讲明白了百分之百，那他必然有百分之二百的积淀。这叫厚积薄发。我坚持收看《百家讲坛》《读书》，有时间读读《南方周末》等，自然风光，文物古迹，报刊视频，家事国事天下事，无不是资源。我在自然与人文、历史与现实中穿梭、思索、感悟、成长。

路曼曼其修远兮，我有时也会质疑，质疑我的付出是否真有结果，一分耕耘是否真有一分收获？合上眼，放牧心灵，我的心里不觉有了答案：与其总是空想结果，不如想想怎样走好这一段路——迈开大步，积攒脚印就够了。

蛋糕的滋味

李建军

对于我们而言，考试就像分蛋糕。一个美味的大蛋糕摆在面前，令无数人眼馋，但虚弱瘦小的，只能吃点儿边边角角；"与世无争"的，顺手牵羊，绝不手软；"贪得无厌"的，吃着且强占着加奶油、巧克力的那一块。当然，他们结局也是不同的。

和小N同学一起从考场中走出来，感觉像是暂时摆脱了一场纠缠不清的质问。小N却还一个劲儿地和我对答案，"错一个，又错一个……"她仿佛被罩上了个紧箍咒，回家又要寝不安席，食不下咽了。

"哎，小Y。你知道吗？考试完了，绝对不是单纯地放松，应该更加放松！""嗯，咱们什么时候去肯德基撮一顿吧？别等放假了，就今儿晚上吧！小X，你也和我们一起去吧！小X？小X！"一旁的小X还在争分夺秒地写着作业，沉浸在后悔失落的苦海中不能自拔，他把撑着脑袋的手缓缓放下——一看这个经典动作，我们便知道小X这次考得并不如意。"你瞧就我这成绩，还有脸面去吃肯德基？算了吧！举杯销愁愁更愁呀！"看来，"面子"是来缚住小X同学的一张大网呀，他越沮丧，这张大网只会把他勒得更紧。

小P同学那挂在鼻子上的两片玻璃这次终于被扶到了眼前，他的眼里喷发出难以掩饰的激动，"老师，我以前考三四十分的时候，从来没看过题为什么错，今儿我考了六十五分，还把错误原因都分析了！哈哈……"小P这次却意外地收获了一块夹着果肉的蛋糕，自然会吃得一干二净，甚至不忘把盘子都舔到发亮。

"分蛋糕"的生活着实很是惊险，其结局也着实是有人欢喜有人忧。但所有人的共同理想和目标都是分到最美味的那一块，当然这需要的不只是学习方法，更是坚韧进取的心理素质。

体 谅 母 亲

宋培培

　　捧着那张惨不忍睹的期末成绩单，我的视线模糊了。不禁怀疑，难道自己真的不是学习的料吗？

　　我已经预料到，妈妈开完家长会回来后的那场"暴风雨"，她一定会讲："瞧瞧人家某某某，一样的班级，一样的老师，怎么能一个南，一个北……"这些话我已经听得太多。尽管每一次的失败，我都美其名曰是意外，然而这次……

　　不知何时，妈妈已悄然站在我身后，眼神里充满了失望。我低下头准备接受唾沫的"洗礼"。然而，默数到十，妈妈都一字未说，我有点儿奇怪，往日的妈妈，应该暴风骤雨似的数落我，然而今日却一言不发，难道对我彻底失望了吗？我的心忽然内疚得很。这时妈妈终于叹了口气，扬起了手，我立即下意识地抱住了头。然而，妈妈只是轻轻地替我把皱巴巴的领子弄整齐，说："我知道你

童心看世界

学习压力很大，现在竞争那么激烈，我也知道你已经很努力地在学，不过人总有低谷的时候，咬咬牙就能熬过去。以前是妈妈不好，对你关心不够。"我无言以对，仰起发烫的脸，拉住了妈妈的手，但瞬间手心传来了刺痛，低下头，我的泪水就滚下来了：这是怎样的一双手啊！皱纹深深地嵌在粗糙、黑黝黝的手背上，布满青筋，手心里长着厚厚的茧，指甲也磨得秃秃的，指尖因为洗衣服而磨得发白，还有一条不知何时落下的伤疤……

这时，我的眼前浮现出了妈妈在洗衣房里工作的情景。妈妈吃力地弯下腰蹲在地上，她不能坐，因为一定要蹲着才能洗得干净。可是妈妈患有低血压，是不能长时间地蹲着的，于是便蹲蹲洗洗，偶尔累得还会发出小声地呻吟。她用力地搓洗着脏兮兮的衣服，手因为长时间浸在冰冷的水中而冻得发红，但旁边还放着一大堆衣服……我的眼前又浮现出平日做好一桌饭菜等待我晚归的妈妈，和在外谈笑风生的我；浮现出轻手轻脚怕吵醒我睡觉的妈妈，与埋怨她扰人清梦的我；浮现出生病时督促我吃药的妈妈，与不耐烦地敷衍她的我……我不禁在妈妈的怀里泣不成声，"是女儿不争气，让您为我操尽了心……"

妈妈已经辛苦了大半辈子，作为女儿，我不希望妈妈今后仍然如此。我一定要让妈妈的生活幸福快乐，要让她有丰裕的物质生活，所以我要用知识改变命运。真的不能再颓废下去了，我要发愤图强，力争上游！我咬咬牙，抓起笔……

成 长 无 痕

宋 媛

说不清是哪一天，忽然发现，商店的柜台变矮了，餐桌上的饭碗变小了，肩上的书包变沉了，朗读课文时的声音也不再稚嫩，我惶恐而惊喜地意识到：我，长大了！

倚在窗前，回忆小时的我，会扬着小脚叫妈妈帮忙系鞋带；会赖在电视机前迟迟不肯离去；会在商店零食区用渴求的眼神望着爸爸；会任性地在老师批评后大发脾气，又哭又喊；会把不爱吃的蛋黄偷偷扔到楼下人家的窗台上；会把玩具乱丢乱放……想到这里，我不禁扑哧一笑，那个张扬任性的小女孩儿令我又熟悉又陌生。

是啊，我长大了，曾经那个幼稚的我已不在。现在，我把更多的精力注入了一场与时间、与未来的比赛中。我会很少有专门玩耍的时间。是的，我失去了一些什么，但是我收获了更多。妈妈常说："女儿一下子长大了，懂事

童心看世界

了好多。"现在想想，的确，从张扬到内敛的蜕变，仿佛已在一瞬间完成。

童年，已渐行渐远。现在我要像只雄鹰一样展开翅膀迎接前方暴风雨的考验。"加油！"我默念着。向着未来理想的道路迈开大步，前进！前进！

真正的勇者

王宇佳

一棵白杨英姿挺拔，十分骄傲，它身边农舍的墙角有一丛微不足道、弱不禁风的小草。白杨丝毫不把小草放在眼里，每天都趾高气扬地向小草夸耀自己的高大，而小草总是谦虚地低着头，承认着，这使得白杨更自大了。

一天夜里，大雨如注，风仿佛把积蓄了很长时间的愤怒全都爆发了出来，它呼啸着，想要席卷整个世界。小草顺从地伏在了地上，白杨选择了抗争，它非常瞧不起小草的行为，认为那是懦夫的做法，而小草只是淡淡地一笑，没有说话。白杨鄙夷地瞥了小草一眼，就又投入了与风的战斗中。它吃力地迎着风，努力地站稳脚跟。但以前引以为豪的高大树冠，现在却被风吹得七零八落。小草凝望着白杨，劝它不要做无谓地抗争，可白杨没有理会，依然不肯弯一弯腰。小草叹息地摇了摇头。

第二天早晨，人们发现昔日高大挺拔的白杨，已经被昨晚的暴风雨刮倒了，而它身旁的那一丛小草，经过雨水的冲刷，却显得更加翠绿。

这时，小草叹了口气，对身边仅存的一截白杨树根说："真正的勇者，并非是不可一世的狂妄之徒，更不是没有头脑的一介莽夫；真正的勇者，会根据自己的实力，走好接下来的每一步。"

是啊，勇敢并不意味着无畏的冒险，勇敢是需要智慧的。真正的勇者是有勇有谋的人，正如文中的小草，表面选择了顺从，实则以柔克刚，战胜了狂风暴雨。

读 书 有 方

李 艺

读书于我是一种愉悦的享受。它不但丰富了我的知识，还充实了我的思想。从《格林童话》到《中华上下五千年》，从《伊索寓言》到《儒林外史》，无数的文字伴随着我从一个小丫头，长到一个大姑娘。

长时间在书海里遨游，我学会了如何快速汲取一本书的精华，这使我的阅读能力有了很大的提高。如有一次读《资治通鉴》，我发现，如果遇到有疑惑的地方，若只停留在那里，无论多久都不会弄懂。如果跳过去，向前看，忽然发现之前未懂的地方已豁然开朗。其实这种方法是对陶渊明"不求甚解"的读书法的进一步发挥。它最大的好处是可以节省时间，提高阅读速度，把精力放在对原著的整体理解。

我会充分利用课余的一分一秒来读书。我经常会随身带着便携书，利用一些零碎的时间来阅读；也会在床前、书桌等显眼的地方摆放一些书，提醒自己要惜时阅读。

读书，固然好，但要读好书。我们的书架里可能有各种各样的书，这也需要我们有一定的辨别能力，不应把时间放在那些我们"俯视"的书上，虽然是书，但其中有些内容是我们不宜汲取的。我们需要那些被人"仰视"的书。冰心奶奶曾说："读书好、读好书、好读书。"我们一定要学会选择，坚决不读粗糙、无益的书。

读书有方，益处无穷。

吉祥的鄂尔多斯

王 丹

"鄂尔多斯为什么美丽？筑她曾牵动圣主的眼睛？筑你可听到远古的蹄声？筑久久回荡在蓝色的苍穹……"每当听到腾格尔的这首《吉祥鄂尔多斯》时，我的心中就会充溢着对家乡鄂尔多斯的热爱之情。

先不说别的，光是鄂尔多斯这个名字，就有很深的文化底蕴呢！其实，在2001年之前我的家乡可不是这个名字，它叫伊克昭盟。"伊克昭"的意思是"大庙"。"鄂尔多斯"是蒙古语，汉语意为"众多的宫殿"。迄今考古发现，早在三万五千年前，这一地区就有人类繁衍生息，是中国北方各少数民族最早活动的历史舞台。鄂尔多斯青铜器被喻为草原远古文明的代表。在博大的中国历史画卷当中，我们总能找到鄂尔多斯的变迁，这里是传说中的黄帝族圣山的故地，从夏商的雍洲、秦汉的云中郡，到明朝的胜州，清朝的伊克昭盟，这里一直就是我们重要的活动之地。这里行走过横扫六合的秦国战车，这里也有过昭君出塞、胡汉和亲的千古佳话。这里行走过一代天骄成吉思汗的铁马金戈，这里也留下了历史文化名人司马迁和郦道元探访的足迹。

鄂尔多斯是以东胜区、铁西区、康巴什区为中心的"一市三区"。东胜区是主要的生活工作商业区，铁西区是居住区，康巴什区是政府所在地。东胜区是鄂尔多斯的老城区，经过数年整改，焕然一新。市区道路宽阔，不时有豪车穿梭其间。尤其在夜晚华灯初上之时，这里更是成了一座富丽堂皇的城市。在康巴什区，你随处都可以看到具有蒙古民族特点的建筑，它的美丽让每一位来到这里的人都感到万分惊讶，被称为"沙漠中的奇迹"。

提起鄂尔多斯，你一定会想到享誉中外的羊绒衫！在鄂尔多斯高原一带，有一种驰名中外的绒肉兼用型山羊——阿尔巴斯白山羊，被牧民们称为草原上的珍珠。这种羊因生长在鄂托克旗阿尔巴斯苏木境内，简称阿白山羊。因阿白山羊体表生长着又长又粗的羊毛，对底绒产生很好的保护作用，因而净绒率高、梳绒量大、光泽良好、手感柔软，有着"绒中之王""白色金子""软黄金"等美誉。由于山羊对草牧场破坏较大，所以各国对山羊头数都有限制，全世界羊绒资源是有限的。阿白山羊真可谓是国宝级的动物呢！

这就是我美丽富饶、历史悠久的家乡——鄂尔多斯。"从来没有哪片草原，让人感到如此神圣。吉祥鄂尔多斯，我要把你珍藏在心中！"

成吉思汗陵

郝如愿

提起我的家乡，大家一定不陌生，"鄂尔多斯羊绒衫，温暖全世界"。是的，我的家乡就是内蒙古自治区鄂尔多斯市。它位于内蒙古西南部，是一个典型的北方高原小城。因为它海拔高，所以气候宜人。尤其是夏天，非常凉爽，是不错的避暑胜地。虽说是小城，但由于这几年经济的飞速发展，它已经有了大城市的模样：高楼林立，街道两边宽阔的绿化带，夜晚闪烁的霓虹灯，无不显示着这个城市的富足。说起我的家乡，真是有说不完的话，下面我就带领大家跟着我一起参观鄂尔多斯的名胜古迹——成吉思汗陵。

在鄂尔多斯市东南部碧绿如茵的伊金霍洛旗甘德尔草原上，有一片宏伟的建筑，那就是成吉思汗陵。

成吉思汗陵由正殿、寝宫、东殿、西殿、东过厅和西过厅六部分组成。设计独树一帜,建筑艺术独具匠心。整个陵宫犹如一只冲天而飞的雄鹰,翱翔在辽阔的草原上,象征着成吉思汗这位英雄豪杰勇往直前、自强不息的精神。成吉思汗陵宫正殿中央是高达4.3米的成吉思汗汉白玉雕像,雕像背景是成吉思汗建立的横跨欧亚的大帝国时期的疆域图。成吉思汗陵宫后殿,也称寝宫,安放着三顶灵包,供奉着成吉思汗及三位皇后的灵柩。在后殿南墙正中是一幅烧瓷壁画,是依据珍藏几百年的成吉思汗黄金家族图复制而成的。后殿还有一幅"铁木真称成吉思汗"壁画,展示了成吉思汗经过艰苦奋战,终于统一蒙古各部,建立大蒙古国的盛大场面。寝宫酥油灯长年不熄,是广大蒙古族和游客祭祀和拜谒成吉思汗的地方。陵宫西殿、东殿内陈列着成吉思汗时期的部分珍贵的文物和"成吉思汗丰功伟绩"壁画。

每年的农历三月,蒙古民族都要在这里举行大型的祭祀活动。祭祀文化是蒙古民族文化中最具特色的一个内容,也是鄂尔多斯蒙古民族文化的瑰宝。

成吉思汗陵旅游区,以名震寰宇、万众景仰的成吉思汗陵为依托,以丰厚的历史文化为内涵,以浓郁的民族文化为特点,再现了成吉思汗波澜壮阔的业绩和蒙古族古老、丰厚的历史文化。成吉思汗陵旅游区是世界公认的最大的蒙古族历史文化旅游景区。

我的介绍说不尽成吉思汗陵雄伟、美丽的万分之一。

每次访成陵，我的心灵都会深深地震撼。欢迎你来内蒙古鄂尔多斯，欢迎你探访神奇雄伟的成陵！淳朴、慈厚的鄂尔多斯人定会熬制醇香的奶茶，煮上大锅肥肥的草原羊肉欢迎你！

书是一座心桥

李斯颐

书是一座心桥。它是作者和读者情感交流的载体，更是读者认识世界的渠道。每一本书就是一座桥，承载着墨香，承载着智慧。

《培根随笔》是一座廊桥。当心灵的暴风雨呼啸着袭来，这里便是一个温暖的避风港。在这里，你可以手捧一杯温热的心灵鸡汤，倾听着这位哲学家对生命的思考，对人生的解读。当一个个引人深思的语句扑面而来，还有什么是比这更好的心灵慰藉呢？

书，是心灵的廊桥。

相比《培根随笔》，《悲惨世界》则更像是一座联拱石桥。翻开这本书，我们可以感受到芸芸众生在黑暗社会中的痛苦挣扎：诚实善良的冉阿让、堕落的芳汀、命运坎坷的珂赛特……爱与仁慈让他们的命运在冥冥之中有了交集——正如联拱石桥，几十个小拱共同支起沉重的桥体。在悲惨的世界里，还有什么是比这种爱与感化的力量更伟大的呢？

书，是肩手相连的联拱石桥。

用单拱石桥来比喻《简·爱》再合适不过了。简独立、自尊、自信、自强，她追求真正的爱情——那是不受旧世俗左右的爱。翻开书，我们仿佛看到了一个外表柔弱，内心坚强的女性。简就像一座单拱石桥，独立而坚强。

书，是坚韧、刚强的单拱石桥。

《雾都孤儿》作为一座斜拉索桥，更为合适。书的开头为我们展现了一个腐朽、充满罪恶的社会，但越往后看，我们便发现越来越多的善者：南希、罗斯小姐……生活的磨难不仅没有使他们堕落，反而使他们成为拥有一颗金子般的心的人。在小说的结尾，正义战胜了邪恶。这正如斜拉索桥，虽然底下就是波涛汹涌的海水和巨大的礁石，但仍有无数只手拉着我们，给我们爱的力量。

书，是爱建成的斜拉索桥。

书，更是一座心桥，我们在心桥上与世界进行无声的交流。每一座桥就是一本书，承载着爱，承载着希望。

美 在 古 韵

方书婉

生活中处处有美，高山流水是自然之美，翩翩舞蹈是艺术之美，尊老爱幼是礼仪之美……可我独爱古诗词的韵味。

美在古韵。"水光潋滟晴方好，山色空蒙雨亦奇"，祖国大好河山在诗中尽展，我眼前仿佛真出现了这样一幅画面：西湖水波荡漾，波光闪闪，天气格外晴好。而小雨过后，远处的重山若隐若现，虚无缥缈，雨也像丝链似的，斜织着，如帘子般挂在你眼前。

美在古韵。"会当凌绝顶，一览众山小"，唯在诗中能有如此之豪迈的气概。仔细想想，诗人杜甫并未登山，诗篇却描绘了泰山雄伟磅礴的气象。他登上泰山顶，天下尽收眼底，心中又该是一番怎样的心潮澎湃！青年杜甫卓越的创作才华和积极进取的人生态度让人佩服！

美在古韵。范仲淹的《岳阳楼记》名扬天下，可在他写下"上下天光，一碧万顷"名句的同时也发出了"先天下之忧而忧，后天下之乐而乐"的感慨，此情此感何处有？唯有文中品！读起《岳阳楼记》时，我们既惊叹于楼湖之风光，更会因忧乐之情"独怆然而涕下"。

美在古韵。想当年李清照得知金兵南侵，南宋王朝不思抗敌，挥笔写下"生当作人杰，死亦为鬼雄"，心情是多么的复杂！如今的我们也只有在她的诗句中穿越时空，感受她心中的悲哀与爱国情怀了！

美在古韵。"小娃撑小艇，偷采白莲回"，诗中亦有童趣存。当你瞧见这样的诗句心中是多么欢喜，这是多么可爱的孩子啊！是诗，将他们的性格特点表现得淋漓尽致。

从古诗中观秀美之景，抒豪迈之情，悟忧乐之感，品爱国之怀，忆童真之趣，美乎？美哉！

美 丽 的 痛

易 瑾

听着S.H.E的《不想长大》，读着鲁迅的《朝花夕拾》，我细细品味着天真的童年。

还记得那时与朋友在一起无忧无虑的嬉闹，所有想要的可以说是得来全不费功夫。在学校的时候，春日里我们会结伴去观赏楚楚动人的桃花，夏天我们会顶着火球去荷塘边看荷花，在果实累累的秋天我们走进飘满稻香的田园，在寒风呼啸的日子里则会堆雪人、打雪仗、看蜡梅。

然而不知道从什么时候开始，我们有了烦恼。在父母和老师们殷切的期盼和眼神中，我们长大。

长大，不知何时转头来看你时，你已经离我这么近了啊！

望见了父亲的眼睛，那是疲劳的。母亲的笑容依旧美丽，只是眼角多了几道皱纹。我在成长，而他们在变老，时光老人在我们身上刻下了印记。它让我们收获了太多，同时也失去了很多。

长大，我是该喜欢你还是该厌恶你？你给我带来了从来没有的快乐，又将带走我们回忆中的快乐。

前进中的思考

陆俊竹

那天，我和爸爸一起去爬五尖山。我抬起头，看着那直插云霄的山顶，怯怯地问爸爸："今天我们要爬这座山呀？"爸爸笑着说："怎么，害怕了？"自尊心强的我当然不会这样服输，我一脸不屑，说："才不是呢，只是怕我爬得太快，你追不上而已。"虽然嘴上这样说，但我的心里还是有几分恐惧。爸爸大笑："哦！那咱父女俩来比一比谁先到山顶，如何？"我看着山顶，不说话。

比赛开始了，我决定给爸爸一个下马威，于是开始便冲了上去，把爸爸甩得远远的。不一会儿，我就觉得腿酸了，一点儿力气也没有了。于是，我喘着粗气，大口大口地喝着水。微风拂来，竹叶随风摇摆，溪水叮咚叮咚地唱出宛转的曲子，鸟儿站在树枝上应和着，很是动听。眼前的水墨画安慰着疲惫的我。我不由得加快了脚步。

"一二、一二"的声音由远而近，我转过身来，惊讶地发现爸爸就在我身后。我想起在山下的话，便又继续向前冲去。过了许久，我抬头向上望望，仍然是高不见顶。我向前眺望过去，惊奇地发现，前面的路不再是石板地，而是泥巴小路。小路蜿蜒曲折，凹凸不平，没有尽头……

我咬牙向前走着，额头上冒着一层虚汗，背上早已湿了。爸爸仍然有节奏地在后面穷追不舍。前面的路越来越陡，稍不留神，极有可能摔倒，我真不敢想象那个后果。

前面有一个小亭子，休息了一会儿，我感到疲惫正慢慢消失。我向远方眺望，一座金色观音塑像遥遥在望，我不由得大惊，因为它是那么的高，那么的大，像一个巨人，伫立在五尖山之顶。爸爸赶了过来，对我说："我就要得第一喽。"听了这句话，我心想不能让爸爸得第一，无论如何也要向前冲。

就在我快要到达终点的一刹那，却被一块石头绊倒了。爸爸走过来，扶起我，缓缓地说："有争第一的心是好的，但是也要思考如何得第一，千万不能莽撞行事……"

是啊，不管遇到多大的山，多大的海，我们也要踏踏实实一步一个脚印地走好。

幸福就在身边

黄靖萱

翻开日记本，从第一页幼稚的文字到最后一页整洁秀丽的字体，那里记录了我幸福成长的故事。

——题记

那是读五年级时，我准备去上晚自习的一个傍晚。天阴沉沉的，天空中飞舞着晶莹的雪花，雪越下越大，不久便像鹅毛一般。望着窗外越积越厚的雪，我心想："真倒霉，这样的鬼天气还要去上课。风雪这么大，天这么冷，路又这么滑。真不想去上课了。"妈妈好像看出了我的心思，从衣柜里取出厚厚的羽绒服，温和地说："穿上厚羽绒服，今天你别骑车了。我带你去。"我刚要说什么，妈妈抚摩着我的头，语重心长地说："做任何事都不能一遇到困难就退缩，要想成功就必须付出艰辛。"我点了点头。妈妈一边帮我穿羽绒服，一边说："坚持坚持，就好了。"

就这样，我们出了门。厚厚的羽绒服把我裹得严严实实的，妈妈把她的羊绒围巾也围在了我的脖子上。我感到全身上下从里到外都暖暖的。

妈妈骑着车带我行使在风雪中。北风夹杂着小雪粒扑打在妈妈的脸上。而我呢，戴着厚厚的羽绒服帽子，蜷缩在妈妈的身后。妈妈用她那瘦削的身体为我遮风挡雪。路上的雪很厚，妈妈小心翼翼地蹬着车，还不时回头看看我，好像生怕把我冻坏。就在她回头的一瞬间，我看见了她的脸。她的脸早已被夹杂着小雪粒的北风吹得通红。我忽然想起妈妈的围巾已戴到了我的脖子上，我忙说："妈妈，围巾还是您戴吧，用它可以挡挡风。"妈妈却说："快系好，我不冷。"

路面被汽车碾压过，滑得像镜子似的。母亲晃晃悠悠艰难地推着我向前走，忽然脚下一滑，车子微斜了一下，眼看我就要从车上掉下来了。这时，妈妈一下子伸出左手扶住车把，伸出右臂使劲儿地把我搂住，我安然无恙，重新坐好，妈妈推着我继续向前去……

下课时，爸爸来接我回家。路上，我问爸爸："妈妈为什么没来接我呢？"爸爸说："妈妈在回家路上摔了一跤。""啊！"我不禁叫出声来。一路上，我默默无语，心里酸酸的，泪水止不住地往下流。

　　我感受着生活的美好，沐浴在爱的怀抱中。尽管这爱不是轰轰烈烈的，但它却如血液般珍贵，悄无声息地流淌在身体里，让我和幸福如此亲近。

我与鼠辈斗智慧

熊萍萍

不知道从哪天起，一对新婚的鼠夫妻搬进了我的家，从此我家就开始热闹了。它们每天夜里吱吱又吱吱，亲密又恩爱，我常常被它们的"亲热劲儿"惊醒。我试着把它们请出家门，可它们居然恋上了这里，赖着不肯走。

后来的后来，我竟然发现鼠邻居们添儿育女了，家里成了它们的天堂，而且大有喧宾夺主之势。我感觉不妙，决定主动出击。那天，我又听到鼠们出来狂欢，就悄悄起床，采取行动。我突然之间把灯全部打开，鼠们全都暴露在刺眼的光线之下，一下子全吓傻了。随即，它们四处奔逃，正应了那个词——抱头鼠窜。不知所措的我，手里拿着准备好的扫帚，就是不敢下手，正应了那个词——胆小如鼠。在我犹豫不决的时候，鼠们居然一个个在我的眼皮底下溜之大吉。

其实，我心里明白，在面对比自己弱小的生命时，我有了"怜悯"之心。但，可惜的是，鼠们可没有"将心比心"的好意，对我毫不手软。它们照旧夜夜翻我的垃圾桶，上我的餐桌，钻我的米袋，睡我的被子，咬我的衣服，而且到处留下它们到此一游的记录——老鼠屎。

你不仁，就别怪我不义了。我开始另想办法。听说有一种粘鼠纸很管用，可以让老鼠深陷泥沼。晚上，我把秘密武器放在它们的必经之地。嘿！还真管用，当天晚上就粘住了一只。我心中大喜，照这样，不消几天，鼠们就该完蛋了。我马上又买来了好几张，在家中四处安放。可战况急转直下，再也没有老鼠中招。怎么回事？难道是鼠们长了记性，绕路而行？

不管这些，我先断了它们的粮道再说。我把垃圾桶清理干净，把米袋搬进卧室，这下鼠们该知难而退了吧。唉，真是人算不如鼠算，鼠辈居然绕开粘鼠纸，循着米香找到了米袋的新位置。别看它们个子小，可力气却不小，房门被它们轻轻推开，就好像一个人轻手轻脚溜了进来。我在惊恐之余，也不免为它们的聪明而赞叹佩服。当然我也不甘心，人总不能被小小的老鼠打败吧。我将计就计，把粘纸放在门后面，这可是它们必经之地，门一推，向前一步，一定被粘住。这种方法还真奏效，又有三只鼠乖乖投降。

可较量远未结束。夜里的鼠声还不时飘来，大米的袋

童心看世界

子还在遭殃……"家里究竟有多少老鼠",这个问题真令人胆寒。我的智慧受到了挑战,那就来吧,我决定和鼠们再大战一番。

惊　喜

黄　博

春节快要到了，此刻，我们最能感受到生活中浪漫的惊喜。

卸下潮冷的柴，我和父亲围坐在火炉旁，让手指汲取火炉的温暖。父亲用他的大手把我的手握在里面，向火又靠近些。火光后面，只见母亲忙忙碌碌的身影，刚刚还一团软塌塌的面粉，一转眼就已经被擀成薄薄的饺子皮。我正看得入神，父亲站起来，然后搓着手，望着母亲说："我和孩子去买些东西，等会儿回来包饺子。"

就在我疑惑不解的时候，我已经被父亲拉到了一个大商场的门口。一扭头，啊！是这件大衣！这是件时尚的大衣，它线条流畅，颜色明亮，好看极了。想起每次我和母亲路过这里时，她的脚步都会放慢。虽然表面上还和我聊着天，眼神却总是不自然地飘向那鲜亮的衣服。那一次，她终于被我和爸爸拉去试穿了这件大衣。她穿着可真好看，仿佛岁月的痕迹不曾在母亲身上流淌。母亲也终于有了光彩照人的一面。但不知怎么回事，母亲却总说这件衣服还是不太适合她。

我和父亲径直走向这件大衣，父亲望着它，眼角的皱纹舒展开，目光里一片温柔……

买好衣服，我们奔回家。冲进家门，我跳到母亲面前，看到一枚枚嫩白的饺子正在水中上下起浮，还欢快地吐着泡泡。母亲朝我们笑着："快和爸爸一起吃饺子吧！"

父亲背着手走进来，然后慢慢移出后面的手提袋，一抹鲜红映亮了母亲的脸。我永远也忘不了母亲那一刻的样子，粉红的脸颊，晶莹的目光，眯起的眼角，上扬的嘴唇……丰富的表情包含了太多的喜悦。

我知道母亲喜欢这件大衣。在洁白的雪地上，她穿着这件大衣旋转着，裙摆如牡丹花般盛开、飘动，皑皑白雪中，那绚丽的颜色是多么令人惊喜。我们平淡的生活，因这份惊喜而被注入了浓浓的温馨。

故 乡 的 蝉

方津津

　　我的故乡是美丽的千岛湖，我的家乡有最清澈的水，最绿的橘子树，还有美味的蝉。月是故乡明，无论走到哪里，最让人难以割舍的，总是生我养我的家乡。

　　每年暑假，我和爸爸妈妈都会一起回乡下老家，去看望爷爷奶奶。一到了老家，我一扫学校里的斯文，也不再装什么淑女，而是热心地扮起了"野孩子"的角色。在那段日子里，最有趣的事情莫过于爬树捉蝉，为午餐添一道美味了。

　　每天早晨，露珠还没有落尽，小伙伴们就在家门口嚷着："走啊，咱们捉蝉去！"于是，我便赶紧穿上衣服，三步并作两步，飞奔到门外，和伙伴们一起开心地出发了。

　　捉蝉的过程实在是妙不可言。

田野里一棵棵橘子树，都挂满了绿绿的橘子，它们虽然还没有成熟，但是，蝉似乎已经闻到了橘子的清香，不停地唱歌。美丽的蝴蝶也不顾酷暑飞来了，为它们的歌声，配上优美的舞蹈。趁着它们陶醉其中，伙伴们都循着自己的"目标"，悄悄地躲到了树下，然后敏捷地爬到了树上。没想到，蝉是机警的，我们的手刚一碰到橘子树，它们就似乎感觉到危险在向它们逼近，马上就停止了歌唱。

我们屏住了呼吸，继续往上爬，掏出捕捉工具——小网兜，朝一只蝉身子上方猛扣——蝉却"吱"的一声尖叫，向树下俯冲，溜走了。过了一会儿，它又在不远处的另一棵树上敞开喉咙，欢声歌唱。我爬树的本领还不算高明，看着伙伴们，只能在树下着急地打着手势暗示：蝉就在旁边的树上啊！

后来我们商量了一下，调整战略，把小网兜的把儿加长，接上一根小木棍，直接从树下伸到树上，果然，往蝉的正前方一扣，蝉被我们捉到了。看着蝉在网兜里不停地拍打着双翅，成功的喜悦涨满了我们的心。满树绿绿的橘子散发的清香让我流连忘返……

我真希望这样的夏天一直持续下去……魂牵梦绕的家乡啊，总在心灵最美好的角落，牢牢牵着我。那水那树那蝉，想去体验吗？明年放了暑假，就跟我出发吧！

温 情 校 园

彭纪泼

驻 足 温 情

学校总是那么温情，寒暑更替，风起日落，还是能让我久久驻足，流连忘返！

一千名师生，虽男女有别，年龄有差，可何处无温情？喜欢和认识的人打趣，喜欢和不熟的人"套近乎"，又何妨！

喜欢在体育课上与同伴追逐，喜欢在教室与同学一起学习，喜欢在寝室与室友高谈论阔，快乐无处不在。

感 受 温 情

即使疾病流行，我们也不会相互疏远；即使摩擦不断，我们也会互帮互助。

没有李清照的"载不动许多愁"，没有苏轼的"无处话凄凉"，有的只是《水浒传》的"你有我有全都有啊"！

动人的温情就是在别人摔倒的时候拉他一把，就是在别人生日时祝他快乐。在这温情的校园中我们不奢求惊天动地，只求感受到那小小的温情所带来的无限快乐，有此足矣。

回 味 温 情

"长亭外，古道边……一杯浊酒尽余欢，今宵别梦寒"，离别是苦涩的，但也有温情。没有"晚风拂柳笛声残"，没有"夕阳山外山"，有的只是"猝然相拥温情余"和"相见会有时"，即使离别不可避免，泪水总要降临，但温情也是会有的。

师生朋友间热情的相拥，会心的微笑，含情的回首，哪里没有温情？能有如此温情的校园，我真是幸运！

城　市

李　婧

心中有一座城，梦里有一个市。那便是我的记忆胶片中印刻最深的让人魂牵梦萦的家乡——九江。

春阳盈盈，绿意盎然，梧桐叶落，暖雪着肩。这般美好的季节配上美好的城市，才能发生如此奇妙的化学反应，构成我们现在所生活的九江。

与其他城市一样，九江每天从淡淡的暖橘色梦中醒来，以她独特温婉淡雅的面貌在人们面前若隐若现。从远处传来悠扬的洒水车的音乐声和水声，它的身影在浅雾中愈渐显形。再过不久，阳光拨开雾气，城市的样貌便可一览无遗。车辆在马路中穿行，路边的人来来往往，精神饱满地迎接新一天的挑战。公园中的新鲜空气让老人们的晨练更具精神，老人们也更显年轻了。教室里孩子们都在聚精会神地听课，学习知识，开阔眼界。一个个美好的画面拼接到一起，汇成了城市的光影。

这个城市影响着一代又一代的人，我们的血液中淌着她给予我们的一切。口音，习俗，抑或是那些令人流连忘返的景点，都让我们备感亲切。即便以后行走天涯，也会让人一想起，心头便温暖起来。这便是我们的城市。

春暖草自青

初生牛犊需怕虎

韩 博

俗话说"初生牛犊不怕虎"，这句话已经成为鼓舞年轻一代勇往直前，锐意进取的座右铭。但是"初生牛犊"真的应该"不怕虎"吗？

刚刚出生的小牛犊，连走路都不太稳，它能有几分能耐和凶猛的老虎搏斗，捍卫自己的家园呢？初生牛犊之所以不怕虎，是因为它还不知道老虎有多么可怕，周遭环境有多险恶，不是"不怕"，而是不知道怕，这种无知产生的无畏是令人担忧的。没有实力单靠勇气就能战胜老虎？这简直就是狂妄的天方夜谭！

"初生牛犊不怕虎"这句动听的话，鼓舞了多少年轻人奋勇向前，也成了一些天真无邪的年少者无视生命，淡漠生命的理由。那些被烟花爆竹炸伤眼睛的孩童，那些因打架斗殴丢掉性命的无知少年，哪一个不是抱着"初生牛犊不怕虎"的精神，把它当作懵懂闯祸的理由？

初生牛犊需怕虎，许多年轻人勇敢却妄为，不愿意听从前辈的忠告，总想着推翻他们用毕生经验总结出的真理，总想着标新立异，但是那些幼稚的行动准则，往往无法经受时间和现实的考验。这种趾高气扬的"初生牛犊不怕虎"的冲动，换来的常常是"不听老人言，吃亏在眼前"的苦果。

初生牛犊需怕虎。纸上谈兵的赵括当了赵国军队的统帅，可是就因为他的"不怕虎"，让他在长平之战一败涂地。蚍蜉撼不动大树，螳臂不能当车，初生之犊就不能不怕虎。

"初生牛犊"从不怕虎到怕虎，是从无知无畏，到有所畏惧。古人云"君子有三畏，畏天命，畏大人，畏圣人之言"。有所畏惧的人才懂得躲避危险。一心的好勇斗狠，不过是一种蛮勇，我们这群"初生牛犊"，应该摈弃匹夫之勇，应该敬天畏命，尊重公认的规则，容得下逆耳的忠言，这才不会成为老虎嘴里的牺牲品。

春暖草自青

裴一菲

　　春来了，悄悄地，小草就这样从土中露出脑袋，一身新装绿得真入人眼。我下意识地去感受扑面而来的春风，大自然的一切，那么轻柔，又那么俏皮——春来了。每当这时，也许是因为自己的名字有小草之意，所以特别留意那青青的嫩芽。它们为何由黄返青，由枯再荣？小时候的我心中有种种猜想，但每每不得其意。然而慢慢长大的我却在不知不觉中领悟到了春暖草自青的真谛。

　　我从六岁开始学习书法。最初，是被那端庄秀美的书体所吸引，我曾坚定地请求妈妈带我去上课。然而接下来枯燥的点、撇、捺的重复训练，不解其意的机械临摹，让我的兴趣顿然失去，我想到了放弃……妈妈看出了我的心思，对我说："万事开头难，做任何事情都有这样一个阶段，也许你现在不能理解一些深奥的内涵，写得也不是很好，但是随着年龄的增长和不断的练习积累，终有一天你会明白书法的意境，也一定会写好的。"在妈妈的陪伴下，我坚持到现在。一路走来，我渐渐明白了篆书的笔笔含义，见识了隶书的飘逸灵秀，感受了《兰亭集序》的文人雅兴，也终于能够自由地在书法世界中徜徉。

几年以后，在一个早春，我的目光似乎抢先被那小草的青绿夺去了——那样稚嫩、清新。不知怎的，妈妈几年前说过的话重新在我耳畔响起。我恍然大悟，小草之所以会青，只因为它们要借着春风，把自己在寒冬积蓄的力量展示给大家。所以当第一缕春风拂过大地，草儿自然就争先恐后地破土而出，呈现那一抹寓意着生命和力量的绿意。

在生活中我们又何尝不是如此呢？平日的持续积累和不断充实，必将等待机会来临时的能量迸发；而逆境、苦难中的历练与百折不挠，也终究会在不懈的努力中获得应有的成功。春暖草自青，凭借的是整个冬天的蓄势待发。

心中的美景

李文轩

人间处处有真情。它们构成了一道道亮丽的风景，触动着人们的心灵。在自然界，也不例外。

一个寒冷的冬天，我走在回家的路上。凛冽的风刀子般直刮我的脸。这么冷的天，应该不会有人出来了吧？这样想着，我走进了小院。

"喵……喵喵……"一阵虚弱的叫声吸引了我。我扭过头，看到两只小猫，它们蹲在墙角处瑟瑟发抖，偶尔发出微弱的叫声，仿佛是在呼唤它们的妈妈。

真可怜！这么冷的天，它们也不回家，母猫也不在身旁。我蹲下身去，伸手想把它们抱回家，但却停住了：妈妈不让养流浪猫。

这时，一只白色的狗跑了过来，我认识它，那是只流浪狗，不久前刚生下三只小狗，后来小狗失踪了。母狗有些敌意，听说最近还咬伤过人。我本以为那只狗被邻居们赶走了呢，谁曾想它又回来了。

那只狗犹豫了片刻，看了看那两只小猫，慢慢走近，在它们四周嗅了半天，最后竟然趴在地上，把小猫围在了中间。

一幅奇特的景象就这样出现了：就像母亲照顾自己的孩子一样，狗不停地舔着小猫的身体，传递温暖，小猫刚开始还有些害怕，但渐渐地就靠近了狗。此时，所谓的"猫狗不和"早已不存在，存在的只有那不是一家人，却胜似一家人的场景。

天更冷了，我回到家，趴在窗台上继续看。狗始终没有离开。大约一刻钟，母猫回来了。狗连忙爬起来，盯着母猫好久，才缓缓地走开了。母猫叫了一声，好像是在说"谢谢"。

我很感慨，如果在生活中，人与人之间也是如此，那该有多么美妙。

在那寒冷的冬天，在那狂风怒吼的夜里，院子一隅那小小的天地是温暖的。我庆幸，看到了那感人的一幕。

爱，是伟大的，以至于它跨越了"陌生"这个障碍。

从此，在我的心中，又多了一道亮丽、感人的风景。

生命不能释怀

曹子涵

　　许久之后，它仍未远去。总觉得这样一个小东西不会在我的生命里留下太深的痕迹，直到现在才明白，它一直在我心中占据着重要的位置，从内到外散发着温暖。

　　初相识，是在宠物店。它是只可爱极了的垂耳兔，蜷缩在兔笼一角。我轻轻地把它抱起来，却在这个再简单不过的动作中发现了问题：它瘦得惊人。看似肥胖的身体仅仅是长毛带来的错觉，长毛下的身躯单薄得不可思议。抚摩着它一节一节突出的脊柱，我忽然有了不好的感觉。

　　果然，询问过后才明白它已经感染了非常严重的寄生虫病，活不了多久了。

　　我缄默，同时很快下定了一个决心，即使它已经无药可医，我也愿给它最后的温暖。

　　回家的途中，它一动不动地伏在我的臂弯处，安静得让人心疼。

不愿意也不忍心再用兔笼束缚它的行动，它的小窝就摆在我的床头。它默认，斜躺在窝里安心地享受了一个上午的阳光。

最初的几天，我发现它和普通的小兔并无二致。它喜欢在午后待在小窝里慵懒地伸展四肢，眯起眼睛；它喜欢跟着我满屋地跑着，总是直立起身希望我抱抱它，然后在我的怀里安静下来。

几天后的清晨，它倒下了。

它无力地倚在角落里，已经无法支撑瘦弱的躯体。我不安地搂紧它，突然很怕下一秒就会永远分别。

就这样抱了它整整一天——我表现出少见的惊惶。我忽然发现最为恐惧的事便是死亡，因为在死亡面前，你什么也做不了。

深夜，我始终为它留着一盏灯。它抽搐着，喘息着，似乎在用尽力气深深地看着我，似乎想要记住我，永远地记在心里。

零点，窗外零星地响起鞭炮声。我抱着它走到窗前，它茫然地瞅了一眼，目光又转向我，头艰难地勉强略微抬起，随后猛地垂下，彻底倒在了我的怀里。

忍不住回想，这些日子，虽然状态每况愈下，它的目光却努力鲜活着。在生命的最后时光，我也仍然期盼着它那暗淡的目光在某个眨眼的瞬间燃烧起来，炽热起来，重新焕发出顽强的活力。

　　抚摩它还温热的身体，我把它扭曲的四肢展平，重新放回小窝，静静地看着它。原本想绽开一个释怀的浅笑，几滴泪水却不小心打湿了那美丽的长毛。

　　回想着它磨牙的声音，眼角流露的真情，忽然觉得，生命如此可贵。我知道，这个小小的生命再也走不出我的内心。

光 很 活 泼

柳 彦

放学了，君儿拖着脚步慢慢走回家。

"爸，我回来了。"没人回答。地上依然到处散布着颜料，空气中还弥漫着终年不散的松节油的气味。

踢开挡在前面的画笔，君儿打开了门。意料之中的，爸爸在车架前发呆，周围是遍地被撕毁的画纸，很凌乱。君儿放下书包，收拾着房间。"爸，今天考过试了。""哦。"他没有说什么。"可是这次应该换'呆子'垫底了。"君儿的语气中透着不甘。"嗯？"爸爸这才转过身来，"你不是一直是最后一名吗？"君儿拿出试卷，指着上面的一道题气愤地说道："这题老师不该扣我分！"爸爸接过试卷。这是一道造句题，用"活泼"造两个句子，君儿第一句写了"小狗很活泼"，老师打了勾，第二句是"阳光很活泼"，后面是个大大的叉。爸爸总觉得不对，可也说不出哪儿错了。"老师这样打自然有他的道理，别生气了。"爸爸把试卷还给了君儿。君儿满怀期待的眼睛一下子黯淡了下来，默默地走出了房间。

君儿熟练地烧水，泡面，每天的晚餐都是如此。爸爸走出画室，一眼便看到在客厅吃着泡面的君儿，瘦小的身体在泡面升腾起的雾气中显得特别孤单。哎，这些年真是苦了他啊。自从妻子去世后，他就再也没有吃过一顿好饭了，自己又只是一个穷画家，不能给予孩子太好的物质条件。爸爸愧疚地想着，不觉走到了君儿身边。"别伤心了，爸爸明天去找老师问问吧。"君儿抬起头，澄澈的眼眸中透着几分喜悦，"谢谢爸爸！"

第二天，爸爸来到了君儿老师的办公室。看到班里最差学生的家长好不容易来一趟，老师显得很高兴，向他发了很多牢骚，让他多管管君儿。他好不容易才见缝插针地把试卷递给老师，向他询问。老师拿着试卷侃侃而谈："这是明显的主谓语搭配不当，活泼是用来形容生命富有生机，有活力的，阳光活泼吗？"不愧是老师，说话都像在背字典。爸爸沉默了，拿着试卷走回了家。

晚上，爸爸把老师的话照搬给君儿，君儿显得有些失望，眼神黯淡，没有再说什么……

这天午后，君儿去上学了，爸爸一个人待在画室里。这些年来，他到处投画参赛，可是没有一次获奖，评委给出的评价都是"太平板刻古了，没有一点儿激情"。他已经完全不知道要画些什么了。明天就要交稿，怎么办？

他猛地一抬头，忽然看见了窗上的一盆绿色植物。那是一种怎样青翠而富有生命力的绿啊！午后灿烂的阳光跳跃在掌形的叶片上，像是抚摸，又如挑逗，此刻，阳光……很活泼！

他的思路如灵泉般涌现，铺开白纸，画笔在纸上飞舞……

在这次画展上，一幅名为《阳光很活泼》的画一举夺得了冠军，获得了评委老师的青睐，多么富有激情而不拘一格的画作啊！

爸爸拿着奖金，带君儿去了最好的饭店吃了一顿饭。爸爸对君儿说："'阳光很活泼'是世界上最美妙最灵动的句子。"君儿听了，很开心地笑了。

阳光，确实很活泼。

我心中的风景

于友嘤

前些日子整理旧照片时翻到几张春游时拍下的风景照，一时间仿佛被人精确计算后一举击中了心扉。

有一幅照片，画面上是一株浅紫色的野花，开在崎岖的山路上的石阶缝隙中。那是一年前春游爬山，我在大家都坐下来开始休息后，举着相机一路沿着下山的路往回跑，为了去找这一株方才在途中见到、却来不及按下快门的野花。我给那幅照片取名"夹缝中求生存"，怜它的命运可悲，身不由己，不但无人欣赏，而且还要一次又一次地遭到人们的践踏。

那时我尚未悟出其中的妙处，如今再看时，却不由得肃然起敬了。那花虽生得孱弱，却自有一股孤洁不俗的风骨。它从狭小阴湿的石阶缝隙中破土而出，不断地吸收土壤中少得可怜的养料，抽出一片片嫩叶，最终开出一串素洁的紫花来，在微风中摇曳，或许山上的尘埃令它显得黯淡，但始终无法掩盖它鲜亮的生命本质。

想起那株野花，遂想到了自己。我始终是个享乐主义者，对我而言，花当要开得恣意招摇，人更应活得无拘无束——但我们何尝不是生活在夹缝中？面对一次又一次心情的低谷，一个又一个刺眼的分数，老师的训斥，父母失望的眼神，心已被抽空，哆嗦一下，无故地便感到了瑟瑟凉意。

想到那株野花，它既无法选择它所生存的环境，那么它便选择默默承受，然后坚忍地、勇敢地活下去。

我的神经慢慢地收缩，从所有细微的枝末传向心脏，像是茧中之蛾，突然获得了破壳的力量。一时间我的心境开朗了许多，不再心有不甘，不再懦弱退缩，因为我猛然明白即便是夹缝中的花，一样可以开得恣意招摇。

行人渐行渐远，风景却永远留存不灭。那株浅紫色的野花，从此在我心中常开不败，为我度一切苦厄。

那一刻，我读懂了爱

魏　雪

　　我最近不喜欢父亲，我总觉得父亲太过偏向弟弟。不知是什么缘故，我和父亲的关系总是淡淡的，总觉得和他的距离很远很远。

　　父亲总是把自己不舍得吃的东西，甚至从没尝过的东西留给弟弟。难道我不是他的孩子吗？这也太"重男轻女"了吧。每周五放学回家，在学校里"贫困"了一周的我，见了什么都感觉是美食。但恰恰这时，那可气又可恨的弟弟总把父亲买给他的橙子拿出来。每每这时，我总是不等弟弟说话，抢来就吃，当然也就免不了挨父亲的臭骂。从此，我心里埋下了恨的种子，我渴望长大，渴望快些离开父亲，把父亲给我的连本带利还给他，然后独自生活。

　　那天，我到学校里没多久，当我偶然打开书包时，无意中发现了一个红色的布包，里面竟然有几个硕大的橙子。我的心一震。可是很快我又疑惑起来，不可能的，绝对不可能是父亲。因为父亲的工作是伐木，用电锯先将木头锯倒，然后，再修枝剪叶抬到车上，拉去卖，每天回来怎么也在九点多钟。

今天是周末，我一直在等父亲，因为我想买一个精致的杯子。很晚了，父亲才回来。我低着头和他说了杯子的事。只见他一脸的疲惫，神色暗淡，好像没有听到一样。我的心里顿时一阵失望。我随后又说了一句不买也罢。

我放弃了希望。杯子肯定买不成了，还是睡觉吧。我开始进入梦乡……突然一阵熟悉的车声把我从睡梦中惊醒。我直接从梦中爬了起来。原来是父亲，他手里拿着一个口杯，提着一包零食，满脸的微笑。我惊呆了。父亲长舒了一口气，说："这些超市关门都太早了。幸亏让我找到了没有关门的。"父亲故作轻松地随口说着。看着父亲憔悴而又略显兴奋的面孔，斑白的两鬓，我突然感到自己很傻，自责的泪水一下子涌出。

父亲一下慌了神，连忙擦拭着我脸上的泪水。依旧是那宽厚的大手，略带着汗渍和锯末的味道。父亲还是原来的父亲。泪水中，大橙子，父亲憔悴的脸颊、深夜买杯子身影——在我眼前浮现。

那一刻，我读懂了爱！

一朵爱的浪花

徐　俐

也许是海太大，才让我们忽视了水滴的存在；也许是爱太多，才让我迷失在爱的海洋里。

——题记

我一直觉得，在这个世界上我是一个可有可无的人。爸爸妈妈整天除了唠叨还是唠叨；同学对我也是爱搭理不搭理的；更不用说老师了，整天瞪着"老虎眼"，就是被他瞅上一眼也会令你毛骨悚然。

但从那件小事之后，我的看法改变了。

那是一个寒冷的冬夜。天好黑，夜也好冷。可我偏偏在上晚自习的时候发起了高烧。我是住校生，这可怎么办？老师用手试了试我额头的温度，然后端来了一杯热开水，对我说："这么晚了，别让你爸爸来了。先让同桌陪你去医院看看，我估计问题不大。"听了这话，我真有点儿怀疑老师是不是一个冷血动物，用这样简单的方式就把我打发了。

走在去医院的路上，风吹得我打了好几个寒战。我使劲儿把脖子往衣领里缩了缩，觉得自己真是太可怜了……

到了医院，大夫诊断后，我躺在病床上等待护士给我挂针。针头无情地扎进了血管，冰冷的液体也混合进了我的血液。滴答，滴答……

我感觉很难受，过了一会儿，我低头一看，天啊，整条胳膊都被冻得有些发紫了。也许是液体太凉了，以至于我的手也麻木了。我抬起那只冰冷的胳膊，想把脸贴上去暖一暖。就在这时，同桌轻轻地把自己的手放在了我的胳膊上，慢慢地揉着。他是那样的柔和，那样的细致，仿佛生怕一下子弄疼了我。顷刻间，我感觉到一股暖流从他的掌心传递过来，一直汇聚于心。那是一种久违了的温暖。渐渐地，伴随着这种感觉我进入了梦乡。在梦里，我仿佛漫步在花香四溢的花园里，这里繁花似锦，鸟语花香。阳光从天空一直照下来，发出令人无比惬意的光……

当我睁开眼睛，却发现是老师正在病床边打瞌睡。后来听同桌说，那天晚上老师安顿好同学们之后，就马上到了医院，见我睡着了，也就没再叫醒我。他担心我的病情，在这里像母亲一样陪了我整整一夜。听到这里，我感觉好幸福。虽然父母不在我身边，但有同学的关怀，有老师的呵护……突然之间我明白了很多。其实，世界本来就不缺少爱，只要我们有一颗感受爱的心，爱离我们就不会遥远。

至今，那晚的画面依旧历历在目，在我记忆的海洋里，那是我人生中最美丽的一朵爱的浪花……

我的"新"爷爷

魏冬梅

看了这个题目，大家可别以为我奶奶这么大年纪了还改嫁呢！其实是——爷爷还是那个爷爷，只是他最近发生了前所未有的巨大变化。

放学回家，刚一进门，映入我眼帘的是个"陌生人"。只见他穿着西装，足蹬擦得锃亮的皮鞋，往脸上看，还戴着一副墨镜，耳朵里塞着耳机，口中还念念有词。我心里想：这是谁呀？随口便喊了一句："家里来客人啦！"这时，那人摘下耳机和墨镜，还没等他开口，我已经笑得前俯后仰了。这不是我爷爷吗？太意外了吧！我又从上到下仔仔细细地打量了爷爷一番，直到把他老人家看得有些不自在了，才收住惊讶的目光。我小心翼翼地问爷爷："爷爷，您……没什么不舒服吧？"爷爷却兴致勃勃地对我说："好孙女，来来来，看看，我这身打扮怎么样？帅吧！"我连忙点头："帅，帅。"没想到，爷爷脱口而出："Thank you very much！"还懂英语！这时奶奶走了进来："你瞧你爷爷那样儿，正是老来俏呢！猪八戒带花——心里美。"爷爷故意虎起脸说："不懂就别说，现在就兴这个！"

"老哥，快出来呀！扭秧歌了！"咦！这是谁在喊呀？还没等大家反应过来，爷爷就招呼上了："同志们稍等会儿，让我换件衣服。"这回更出乎大家的预料，只见爷爷不大工夫从里屋出来，嘴上贴着假胡子，头上顶着一个小毡帽，与刚才的风格相比又来个大变样。原来，他要和村里的老头老太太扭秧歌去，爷爷也太赶时髦了吧！真像一个老小孩儿！

我长这么大，从来没有看见过爷爷赶过时髦。记得当初，爷爷可是个老封建呢！奶奶要是穿得稍微鲜亮一点儿，他就会叨叨个不停；爸爸让我参加书法辅导班，爷爷还嘀咕："净整些没用的。"每当街上算卦相面的来了，他能跟人家絮絮叨叨地说半天……家里人总拿他没有办法。

可是，自从村里创建了"文化活动中心"，爷爷的想法渐渐地有了变化。后来，村里说要搞石膏开发，以后还要和外国人打交道做生意，兴起了英语热，于是，他就成天问我这个英语单词，那个英语句型，真像一个好学的小学生！

说心里话，我喜欢这样的"新"爷爷。

桃林历险记

宋智慧

每当我走过那片桃林，总会想起那次探险的经历。

很小的时候我就经常听大人们说起村外的桃林，可每当我好奇地凑过去想窃取些情报时，他们便立刻闭上嘴巴。我很好奇，便去问奶奶。奶奶听了大吃一惊，板着脸狠狠训斥了我一顿，最后千叮咛万嘱咐，要我千万别去那个危险的地方。

后来我终于知道，原来，传说桃林里有一条大蛇，老一辈曾有人见过，吓得半死，此后便没有人再敢单独走进桃林深处了。我若有所悟，难怪每次老师带我们到桃林看桃花，都不准我们往里钻。可是，为什么我去过那么多次都没有发现任何蛛丝马迹呢？

一连几天，我都在想这个问题，连上课也走神。终于，在好奇心的驱使下，我决定去探个究竟。

春暖草自青

好不容易盼来了星期日，我换上旅游鞋、运动服，还偷来爷爷的杀猪刀，作为防身武器。来到桃林边上，我有些纳闷，平时挺美的地方，怎么今天看上去这么阴森？走进去，我的心就开始加速跳动起来，额头上也冒出了一层细汗，攥着刀的手也满是汗水。越走越远，前面就是"禁区"了，我深吸一口气，定了定神，用棍子拨开草丛。就在继续向前的一瞬间，我打起了退堂鼓。"要是真有蛇可怎么办呢？它会不会咬我？碰上那么大的蛇我肯定会没命的。算了吧，逞什么英雄，还是回家吧。"

我不禁想转身往回走。可是，一瞬间我又停住了。"胆小鬼，有什么好怕的，哪有蛇！即使有，我跑得那么快，也不会有事的。既然已经来了，就不能放弃！"我又下定了决心，小心翼翼地向桃林深处走去。走了一段路，依然没有什么动静，我不由得暗暗松了口气，哪有什么蛇，吓唬小孩子罢了。

突然，前面传来"嗖嗖"的声音，我大惊失色，难道真的有蛇？我大着胆子仔细看去，只见草尖在不停地晃动，看这样子一定是条大蛇！我的心狂跳起来，不住地后退，一不留神，竟被一个土堆绊了一下，摔倒在地。完了完了，这回死定了！唉，不听老人言，吃亏在眼前啊！我怎么就稀里糊涂地来这儿了呢？我可不想死啊！可是，几秒钟过去了，没有蛇来咬我。怎么回事？我坐起来，定睛一看，一只野兔子蹿出来一溜烟跑没了影。我哑然失笑，原来，是我先吓着它了呀。刚才所谓的大蛇就是这个小家伙啊！

　　后来想一想这件事，我仍然觉得好笑，桃林里即使真的有大蛇，都几十年过去了，也早就死了，还能出来吓人？难忘的童年，难忘的探险，一天一天，我从幼稚走向了成熟。

右耳的感动

刘代兴

在来到这个世界的时候，我就是一个右耳听力不全的人。

从我懂事的那天起，我就知道我和别人不一样，从小到大，亲人、朋友跟我说了一个又一个的道理，目的无非是为了解开我的心结。但是，这是非常困难的。

为了这只耳朵，为了我的梦想，妈妈带我去了无数家医院，询问了无数位名医，尝试了无数种药方。每过一个治疗期，妈妈便一次一次地叫我的名字，来测听我的右耳。每次看到妈妈那双充满希望的眼睛，我只能强忍着眼泪说我能听得见一点儿。其实，我什么都听不见。但我会偷偷地去测听，因为我右耳上有一个小孔，所以我相信会有奇迹出现的。可我还是绝望了，我的右耳一直听不见。我对妈妈说："妈妈，我不想治了，我知道治不好。"

可是，妈妈不甘心地说："不行，这个星期六我们去昆明！"

"但是，我甘心了！"我再也忍受不了那么多医生用同情的目光看着我。我更受不了同学们的嘲笑，他们因为我没有右耳，所以常叫我"缺耳""独耳"。每次，他们这样叫我，我只是笑一笑。他们根本不知道我内心有多难受！可我不怪他们，因为我本来就是"缺耳"，我哭了。

"记住，你和别的同学一样，有一只健全的左耳，而且你更有一颗健全的心，努力吧！要证明你并不比别人差。"妈妈用湿润的眼睛鼓励着我。

我忽然觉得我的右耳听到了声音，那是爱的声音，它在我的耳边久久地萦绕。因为有爱，有妈妈的爱，她会帮我努力向梦靠近。

那天的晚霞很美，因为我始终相信："梦和现实很近，只要我永不放弃！"

少年的烦恼

沈姝婕

"小小少年，没有烦恼……"儿时的我最喜欢唱这首歌。如今，作为少年的我却为即将到来的家长会愁破了头。

期中考试刚刚结束，学校领导仿佛不想让学生过一天好日子似的，紧接着就发布了要求各班近期召开家长会的"命令"。对于考得不太理想的我来说，这无疑是雪上加霜的事。讲台上，老班如唐僧般喋喋不休地强调着这次家长会的重要性，而我却什么也没有听进去，脑海里不由自主地闪现出妈妈开完家长会回家后"火山爆发"的样子。唉，我无奈地叹了口气，默默地低下头去。那张粉色的家长会邀请函也好似满怀悲哀地静静躺在桌面上，上面的每一个字都显得那么的狰狞可怖。它们仿佛是一位严肃的法官，无声地宣布："你，完蛋了！"这时，老师那略显沉重的话语又传入了我的耳中："同学们，希望我能与你们的家长一道共同为你们创造一个美好的明天！""还美好的明天呢，估计开完家长会后，我就没有明天了！"想到这儿，我不禁苦笑了一下。

该来的总归会来的，就如同这家长会，即使你再恐惧它，也不可能逃避它。

时间一分一秒地过去，在我的煎熬中，家长会总算是结束了。家长们依然像往常一样，都站在校门口等着接自己的孩子回家。当妈妈接过我的书包时，我瞟了一眼她那张阴沉的脸，一句话也没说，看不出是生气还是失望——这大概就是暴风雨即将到来的预兆吧！我紧紧地跟在妈妈后面，看着她的背影，心里仿佛压着一块大石头，闷得慌。"妈——"我情不自禁地开了口，却又紧张得不知该说些什么，妈妈似乎意识到了什么，慢慢地转过身来，面带慈爱地拉过我的手。顿时，我的手被一股久违的温暖包围了。到底有多久没有像这样被妈妈拉着手了，我实在记不清了。只是清楚地记得上小学时妈妈就是这样拉着我的手，让我一步一个脚印地走在成长的道路上的。那时，妈妈的手柔软、温暖而充满力道。今天，妈妈的手虽然仍然温暖而有力，但已经变得如此粗糙了。想到这里，我不禁握紧了妈妈的手，想把自己满心的感恩也传到妈妈的心里……

这场暴风雨并没有之前想象得那么恐怖，妈妈用她对我的爱让我摆脱了烦恼，重拾了信心！妈妈，我会加油的！

遇　见

应瀚桦

　　妈妈应邀去了东白山上的茶花节，回来后，却是一脸的扫兴。

　　原来，今年的春天来得早。前不久，茶花刚刚盛放，却在春雪和雨水中饱受折磨，再加上山顶多变的天气，茶花忍耐不住，便过早凋谢。妈妈去得迟，因此错过了茶花盛放的奇景。

　　初夏，天气还未燥热，妈妈早早地答应要带我去郊外看玉兰花。看着窗台上摆着一瓶白玉兰，散发着氤氲的香；想着满山丘上都是大大小小的玉兰，徜徉其间，那一定别有一番风味。

　　终于熬到这一天，鸡还未打鸣，我们就出发了。

　　"你们来晚了！"妈妈的好友告诉我们。我又听到这样的话，忍不住顿足叹息，自伤命苦。

"满山的玉兰花都开了，好像在前几天，在某个夜间。"

　　我和妈妈还是极固执地要去看看。到得山边，不禁目瞪口呆，满满一山玉兰树，但每棵玉兰树都垂下一朵大大的枯萎的花苞。遥想花朵开时，如敲锣如打鼓，腾腾烈烈，声震数里，你想不发现也难。但花朵一旦凋零，一切的美景只能存在于你的想象中了！

　　此时，说不憾是假的，我与这山玉兰，还未见面，就已诀别。

　　从此，我便下定决心追逐花开。

　　盛夏，学业繁重，想散散心，便踱出家门。

　　就顺着路走，左拐右弯，不知不觉中，走上了山间小道。

　　此刻，沉思间，走过一间小屋，屋后是一大片雪嫩的玉兰。虽说不上遍野，但一块玉兰田野也足以震撼我的眼。那种柔和的白色是大桶的牛奶里勾上那么一点儿蜜，在阳光的炙烤中凿出一条香味的河。

　　玉兰花像是许多层叠的浪花，扑在一起，纠结住了，扯不开——这就是玉兰花的神话吧！

　　这次与玉兰花不经意的邂逅，消除了我深藏已久的遗憾。也许，美就只有一瞬间的生命，过早的企盼，刻意的追寻，所收获的美往往过早地逝去。也许是不经意间一个优美的动作，一幅隽秀的风景，往往驻留人心，携来了生活最美的剪影。

买 鞋 记

成　想

"妈——，妈——，我的运动鞋呢？"

"在鞋柜的最上层，你自己拿吧！"

"砰"的一声，手忙脚乱中，一只白色的旅游鞋从鞋柜里掉了出来。"啊？这双鞋子还在啊？"摸着几乎全新的鞋子，我的身上一阵燥热，随之一种酸涩的感觉涌上心头……

这双鞋子是两年前的春节买的。

记得那天，我跟着妈妈高高兴兴地去采购年货。之所以高兴，是妈妈终于答应给我买双旅游鞋了。能够拥有一双白色的旅游鞋是我当时最大的梦想，每当看着周围的同学穿着纯白的旅游鞋踢球时酷酷的样子，我的心里总是痒痒的。终于可以如愿以偿了。

出门前妈妈跟我定了个协议，想买旅游鞋可以，但价格不能超过八十元。因为她手里只有二百元钱，还要买鱼、肉等年货。

不知不觉，就来到了鞋市。虽说时间还早，但是，鞋摊前早已是人山人海。我拉着妈妈在人群里转来转去，寻找着自己的"猎物"。

"哇！好漂亮的鞋子！"不远处，一双白色的旅游鞋像磁石吸引了我的目光。我如同泥鳅般钻过人群，兴奋地对卖鞋的老板说："给我那双旅游鞋。"一把抓过那双鞋子，啊，真轻！走起路来一定很舒适。我试了试，稍微有点儿紧。随口问道："还有大号的吗？""没有，就这双了。"

这时候，妈妈也挤了过来，问道："这鞋子多少钱一双？""一口价，一百元，少一分也不行！"卖鞋的老板边忙着给其他顾客拿鞋子边回答着妈妈。"太贵了，咱不买了！再说鞋子也小啊。"妈妈看了看鞋号说。"不！我穿着正好，我就要这双！"我抱着鞋子就是不肯撒手。

"贵一点儿也没什么，关键是买小了你也穿不了多长时间，白白就浪费了。"

不管妈妈说什么，我就是不松口。最终，在鞋摊老板的"忽悠"下，妈妈买下了那双鞋子。

还没等回家，我就兴奋地换上了那双新鞋子，除了有点儿紧之外，你别说，还真的很好看。回家的路上，我磨磨蹭蹭不肯走快，因为穿小鞋的感觉可真的不好受。到家后，我躲进自己的房间，脱下鞋子一看，两个小脚趾都磨掉一层皮了。

而那双费尽心机买回的鞋子，我把它放在了柜子里，再也没穿过。一直到现在，一想到那件事，我仍然懊悔不已：花钱找罪受，怪谁呢？

父 爱 长 流

石 上

　　我和母亲相处的时间要比和父亲的多得多，而对父亲的依赖却远远超过了对母亲的，其中像是有一种莫名的情愫。父亲很忙碌，有时几天也见不着人影，我不再像儿时那样大声哭闹或赌气，而是淡淡地向母亲询问，然后翘首细听门外的脚步声。

　　我每天都学习到很晚。如果父亲在家，他总会陪着我，不时送来一些水果。那天见他睡眼惺忪地坐在沙发上迷糊过去了，我过去拍了他一下，他睁开眼轻轻一笑说道："竟然睡着了。"声音都沙哑了。我催促他去睡觉，他却摇摇晃晃地打开了电视机，说要看节目。我从门缝里看到他疲倦的眼睛，窃喜他为了让我放心而打开电视的举动，心里甜甜的。忽又想到儿时睡觉时，父亲会来为我掖掖被角，看看枕头是不是放正。每次我都会装睡，心里贪婪地包揽这所有的爱。

再看时，父亲早已蜷缩在沙发睡熟了。我小心翼翼地踮着脚尖走去，只见他轻轻张开嘴，皱紧了眉头，手歪歪地枕在头下，胸脯一起一伏，还打着鼾，眼角沟壑似的皱纹和土黄色的脸庞，一点儿不像那个曾经青春焕发的父亲。看他这样别扭地蜷在沙发里真想将他叫醒，可又怕打扰了他的好梦。犹豫间，我看见他头上的白发，细细密密地在鬓边生着，好像想要隐藏却又突兀地暴露出来，那么醒目。一时间，光影迷离，时间又回到了幼儿园放学的某个傍晚。父亲一手拉着我，一手扶着自行车，我仰起头问他怕不怕大灰狼，他装出一副准备打架的样子说："狮子我都不怕，打倒它！"我和父亲相视而笑，昏黄的路灯下一大一小两个影子走走停停，一路欢笑……

我感到幸福，却害怕有一天父亲会老去，会变成一个不能再高高举起我的老人，甚至连质问我的力气也没有。父亲的鼾声仍在耳边萦绕，我望望他那并不高大的身躯，想着，假若我长大他老去后，我一定会再写一篇文章，我想我会这样写：爱不会随着岁月老去，因为我和父亲的脉搏将会永远一起跳动，父亲给予我的爱将如涓涓细流，绵绵地静静地润泽着我的心田。

离别的瞬间

于雨晴

　　暑假里，我去了美国佛罗里达州游学旅行。经过了三周的学习和体验之后，我们要回家了。

　　走的那天凌晨，我第一次真切地看到了天空——数不清的星星在天空中闪烁着，没有灯光的影响和乌云的遮掩，就那样闪烁着。看到我看得如此入迷，我所在的寄宿家庭的妈妈温柔地对我说："想看就多看会儿吧。"她是一位美丽的美国女士，有着一头耀眼的金发和一双炯炯有神的眼睛。在与院中的马告别之后，他们全家开车送我去集合的教堂。

　　一路上，我用手托着腮，看窗外飞快地向后退去的建筑，回想着这三周的时光。我们去了海边、博物馆、迪士尼等各种有趣的地方，也学到了不少东西，要说唯一的遗憾，大概就是没能亲手为我的寄宿家庭做一顿饭了吧。

在我回忆的时候，车已经开到了教堂门口，有人已经在这里等着了。我一向不喜欢伤心的离别，就一直保持着笑容与他们说着简单的对话。教堂的牧师走了过来，我对他印象很深，因为他总喜欢与年轻人一起弹奏乐器，对我也十分友好。他递给我一张明信片，这是他自己制作的，对我说欢迎我再来这里。

终于，所有人都到齐了，我们要坐上大巴去机场了。很多人哭着与寄宿家庭告别，一个女孩儿甚至哭着与所有人一一拥抱。

是时候走了。我转过身，与她的丈夫和女儿拥抱后，也要和她拥抱了。她的眼里闪着泪花，但嘴边依然勾起一丝微笑。我第一次发现她很高大，甚至要弯腰才能抱住我。她把我拥进了她那温暖的怀抱，在我的耳边说："I love you."那一瞬间，眼泪不受控制地涌出眼眶，心中无数的想法突然停止，只留下了她与我一起看星星的那一张"图片"。我一边努力地不让眼泪再流下来，一边说："I love you too，mum."

坐上大巴后，大家不像往日那样欢闹，只是一直沉默着，气氛像北极一样冰冷而又寂寞。我在心里默默地念道：再见了，我的另一个"家"。

我的"出头之日"

吴湛湛

　　我们这个学习小组一共六个人，除了我之外，其他人好像个个都身手不凡。"假小子"张玉姗，别看她个头不太高，可爆发力特强，跑起来犹如脱缰的野马，速度快得惊人，在刚刚结束的学校田径运动会上，一口气拿下了一百米、二百米两块金牌。"小博士"杨明明写得一手好毛笔字，多次代表学校外出参加比赛，没有哪一次不载誉归来。而"艺术姐"严萌吹拉弹唱无所不精，还会跳舞，学校只要一有文娱活动，她必定是"主角"，算得上是校园里的大明星了。至于奥数高手王滔、"英语通"张仁君，那更是了不得，遇到难题，连老师有时也要"谦虚"地征求一下他们的意见。

　　与他们比起来，我真是无地自容，惭愧万分啊。你想想，要才没才，要艺没艺，考试成绩又总比他们少那么一点点，这日子咋过？真不知道老师为什么要把我分进这一小组，这不等于把一块丑石放进珍珠堆里吗？

好在天无绝人之路，我这个"咸鱼"翻身的机会终于等到了。

上个星期天，我们小组成员一起去看望八十二岁的烈属王奶奶，王奶奶说她想吃饺子。其他人都愣住了，不知如何下手。哈哈，我从小跟会白案的外公一起生活，学会了许多面点的制作，包饺子简直就是小菜一碟。于是，我立刻成了当天午餐的"总指挥"，先指挥他们择韭菜，剁肉馅，然后亲自和面，擀饺子皮，再手把手教他们几个如何包"耳朵"饺子。经过近两个小时的紧张"战斗"，我们的饺子宴开始了。品尝着味道鲜美的水饺，王奶奶一个劲儿地夸好吃，他们五个更是佩服得五体投地。而更绝的是，吃完饺子后，我还用剩下的一小块面团，乘兴捏出了美猴王、济公、奔马等小饰品，那栩栩如生的造型，把他们五个都惊呆了。他们哪里知道，为了学这一手本领，我跟在外公后面苦练了三年多呢。

呵呵，想不到，我也有"出头之日"。看来，只有平时多学习，多积累，关键的时候，才能亮出精彩，让别人刮目相看哦！